Hans-Martin Große-Oetringhaus (Hg.)
Der Kleine Prinz lebt

DER KLEINE PRINZ LEBT

GESCHICHTEN UND ANDERE
LIEBESERKLÄRUNGEN FÜR
ANTOINE DE SAINT-EXUPÉRY

HERAUSGEGEBEN VON
HANS-MARTIN GROSSE-OETRINGHAUS

HORLEMANN

Die Deutsche Bibliothek – CIP-Einheitsaufnahme
Für diese Publikation liegt ein Titeldatensatz
Der Deutschen Bibliothek vor.

Umschlaggestaltung: Karl Debus, Bonn
unter Verwendung eines Fotos des peruanischen Fotografen
Luis Felipe Cueto, der 1996 durch einen tragischen Unfall ums Leben kam.
terre des hommes hat ihn 1993 nach Deutschland eingeladen und gebeten,
Kinder und Jugendliche in Deutschland zu fotografieren.
Seine Fragestellung bei dieser Arbeit lautete: Brauchen Kinder in
Deutschland die Kinderrechtskonvention?
Seine Fotoantworten hat terre des hommes im Horlemann Verlag
als Bildband unter dem Titel *Die Umkehr des Blicks* herausgegeben.
Er ermöglicht dem deutschen Betrachter einen vielleicht ungewohnten
Blick auf unseren Kinderalltag. Das Buch ist beim Verlag und bei
terre des hommes erhältlich.
Vor allem hat Luis Felipe Cueto natürlich die Kinder in seiner
Heimat fotografiert, wie den Jungen auf dem Buchumschlag.
Er wurde zur Symbolfigur auf allen Materialien,
die die Kinderhilfsorganisation terre des hommes zu ihrem
30-Jährigen Jubiläum herausgegeben hat.

Bitte fordern Sie unser aktuelles Gesamtverzeichnis an:
Horlemann Verlag
Postfach 1307
53583 Bad Honnef
Telefax (0 22 24) 54 29
e-mail: info@horlemann-verlag.de
www.horlemann-verlag.de

Gedruckt in Deutschland

1 2 3 4 5 | 02 01 00

Inhalt

Hans-Martin Große-Oetringhaus

Der kleine Prinz lebt

Zum 100. Geburtstag des terre des hommes-Namensgebers Antoine de Saint-Exupéry

Beim Start in ein neues Jahrhundert können wir den 100. Geburtstag von Antoine de Saint-Exupéry begehen. Sein Name hat den Klang von Wellen, die ans Ufer rollen: Antoine de Saint-Exupéry. Pilot. Erfinder. Schriftsteller. Humanist.

Am 29. Juni 1900 wurde er in Lyon als Abkömmling eines der ältesten französischen Grafengeschlechter geboren. Er besuchte die Jesuitenschule und leistete danach seinen Militärdienst in einem Fliegerregiment ab. Dabei entdeckte er seine Leidenschaft: die Fliegerei. 1926 übernahm er als Pilot die Linie Toulouse–Casablanca. Bereits zwei Jahre später wurde er Direktor der Luftpost von Buenos Aires. 1935 stürzte er zusammen mit seinem Mechaniker über der ägyptischen Wüste ab. Im Zweiten Weltkrieg emigrierte Saint-Exupéry nach der Besetzung Frankreichs in die USA. Als die Truppen der Allierten 1942 in

Nordafrika landeten, schloss sich Saint Exupéry der Armee General de Gaulles an. Am 31. Juli 1944 startete er mit einem Aufklärungsflugzeug von der Insel Korsika aus. Es wurde sein letzter Flug, von dem er nicht zurückkehrte.
Bekannter als er selbst wurde der Held einer seiner Erzählungen, der *Kleine Prinz*, das Kind von einem anderen Stern, das dem Autor bei einer Bruchlandung mit dem Flugzeug in der Wüste begegnet und ihm die Augen für die wirklich wichtigen Dinge des Lebens öffnet. „Hier ist mein Geheimnis. Es ist ganz einfach: Man sieht nur mit dem Herzen gut. Das Wesentliche ist für die Augen unsichtbar. ... Die Augen sind blind. Man muss mit dem Herzen suchen." Und weil das vielen Erwachsenen sehr schwer fällt, steht für Antoine de Saint-Exupéry fest: „Kinder müssen mit großen Leuten viel Nachsicht haben."

1939 veröffentlichte Antoine de Saint-Exupéry seine Erlebnisberichte als Flieger unter dem Titel *terre des hommes*. In Deutschland erschien das Buch als *Wind, Sand und Sterne*. Als er gefragt wurde, was für ihn mehr zähle, die Fliegerei oder das literarische Werk, hatte er geantwortet: „Ich lasse keine Aufteilung in Fächer gelten, noch weniger eine Gegenüberstellung. Fliegen oder Schreiben, das ist für mich eins. Wichtig ist, dass man handelt und seinen jeweiligen Standort bestimmt. Der Flieger und der Schriftsteller vereinigen sich im Prozess der Bewusstwerdung." Antoine de Saint-Exupéry war ein Mensch, der zum Himmel steigen musste, um die Erde der Menschen zu entdecken. Von diesen Entdeckungen berichtet er in seinen Büchern.

Und mittendrin dieser Satz:
„Mensch sein, das heißt Verantwortung fühlen,
sich schämen angesichts einer Not,
auch wenn man offenbar keine Mitschuld an ihr hat,
stolz sein auf den Erfolg der anderen,

fühlen, dass man mit seinem eigenen Stein mitwirkt am Bau der Erde."

Saint-Exupéry wollte eine *Erde der Menschlichkeit*, eine *terre des hommes*. Als Edmond Kaiser 1959 in Lausanne eine Kinderhilfsorganisation gründete, benannte er sie nach diesem Buch: *terre des hommes*. Erde der Menschlichkeit. Der Name ist Programm, ist Vision. Eine konkrete Utopie, ein Traum, der unerreichbar ist, und doch Wirklichkeit werden kann, indem wir so tun, als könnten wir ihn erreichen. Handelnd.

Seit über dreißig Jahren haben sich auch in Deutschland Menschen unter diesem Namen zusammengeschlossen: als Hilfswerk, als Anwalt der Rechte von Kindern, als entwicklungspolitische Basisbewegung und Bürgerinitiative. Das Ziel – nach wie vor: eine Erde der Menschlichkeit. Dafür setzt sich terre des hommes ein: unabhängig und überparteilich. Und doch wird Partei ergriffen: für die Kinder in dieser Welt. Denn Menschsein heißt Verantwortung fühlen.
Diesen Worten fühlt sich die Kinderhilfsorganisation terre des hommes verpflichtet. Darum greift sie den 100. Geburtstag Saint-Exupérys auf, um auf seine Gedanken hinzuweisen und an sie zu erinnern. Gerade sein Werk „Der Kleine Prinz" hat viele junge wie ältere Leserinnen und Leser zum Fragenstellen und Nachdenken ermutigt, nicht zuletzt auch Autorinnen und Autoren. Eine Reihe von ihnen habe ich gefragt, was *Der Kleine Prinz* in ihnen angestoßen hat. So kamen Kindheitserinnerungen, Reportagen, Geschichten, Essays, Reflexionen und Gedichte zusammen. So unterschiedlich wie die Autorinnen und Autoren sind auch ihre Texte. Zusammen bilden sie ein farbenfrohes Kaleidoskop. Eines aber ist allen Texten gemeinsam. Wer sie gelesen hat weiß: Der Kleine Prinz lebt.

Dieses Buch versammelt Texte zum Lesen und Vorlesen, Texte für junge und ältere Leserinnen und Leser: nachdenkliche und lustige, dramatische und verträumte, freche und tiefsinnige. Sie wollen dazu anregen, dass die Leserinnen und Leser fragen, was der kleine Prinz bei ihnen selbst ausgelöst hat. Und vielleicht motivieren die Texte sogar dazu, eigene *Kleine-Prinz-Geschichten* zu erzählen.

Alle Autorinnen und Autoren haben auf ihr Honorar verzichtet und stellten es der Arbeit von terre des hommes zur Verfügung. Für den Bau einer Erde der Menschlichkeit. Für eine terre des hommes.

Wenn du bei Nacht den Himmel anschaust, wird es dir sein, als lachten alle Sterne, weil ich auf einem von ihnen wohne, weil ich auf einem von ihnen lache. Du allein wirst Sterne haben, die lachen können.

Inge Meyer-Dietrich

Er hat uns Sterne geschenkt, die lachen können

Ich weiß nicht mehr genau, seit wann es sie in meinem Leben gibt. Den kleinen Prinzen und seinen großen Freund, den Piloten, aber auch den Fuchs und die Rose, um nur einmal die vier zu nennen. Ich habe das Gefühl, sie schon immer zu kennen. Sie bestärken mich oft genug in meinem Verständnis von Freundschaft, von Verantwortung gegenüber denen, die man liebt – die ich liebe. Und nicht zuletzt haben sie mir den schweren Umgang mit Abschieden erträglicher gemacht.

Häufig begleiten sie mich auch bei der Arbeit. Ich glaube, einer der Gründe, warum ich überwiegend Literatur für Kinder und Jugendliche schreibe, ist die Begegnung mit Wesen wie diesem kleinen Kerl, Le Petit Prince. Sie führen mir immer wieder vor Augen, was es bedeutet, jung, neugierig, offen, aber dabei so verletzlich und den großen Leuten ausgeliefert zu sein. Ich wünsche mir und allen Erwachsenen Fähigkeiten im Umgang mit Kindern, wie der Pilot in der Wüste sie hat. Er nimmt den

kleinen Prinzen an, hört ihm zu, beantwortet seine Fragen, wird sein Freund – aber er lernt auch ihn los zu lassen, als es für den kleinen Prinzen Zeit wird zu gehen. Und er schämt sich nicht seiner Trauer.
Unsere eigenen Kinder sind mit der Geschichte vom kleinen Prinzen aufgewachsen. Sie lieben sie genauso wie ich. Eines Tages kam ich von einer Lesereise zurück und der kleine Prinz überraschte mich, begrüßte mich schon von weitem. Eine unserer Töchter hatte ihn für mich, für uns alle auf das Tor unserer Garage gemalt. Vor einem dunkelblauen Nachthimmel stand er unbeirrt auf seinem Planeten, beschützt von den Zweigen unserer alten Buche. Sein goldener Haarschopf leuchtete mit vielen Sternen um die Wette. Der kleine Prinz auf einer Garagentür? Ich finde es schön, dass er zu unserem Zuhause gehört, dass er als erster unsere Gäste begrüßt. Und wenn einer aus unserer Familie jemandem den Weg zu uns beschreibt, kommt am Ende immer ein Satz wie: Unser Haus erkennst du daran, dass dort der kleine Prinz auf dich wartet. Wegweisend in vielerlei Hinsicht, das ist er doch von Anfang an gewesen, der kleine Prinz. Ja, ich weiß, inzwischen gibt es ihn auch auf Briefpapier, Kinderkoffern, auf Tagebüchern, Bleistiften... Man kann dazu sehr unterschiedlicher Meinung sein. Ich freue mich immer, wenn ich dem kleinen Prinzen irgendwo begegne. Als ich ihn allerdings das erste Mal auf Fünfzig-Franc-Scheinen entdeckte, war ich ein bisschen skeptisch. Ob ihm oder seinem Erfinder das gefallen hätte?

Vor ein paar Wochen waren wir wieder einmal in Frankreich, und eines Tages brachte mein Mann mir vom Einkauf Briefmarken mit. Du wirst dich freuen, sagte er und packte bunte Briefmarkenblocks aus, Fünfer-Sammlungen mit Illustrationen, die Saint-Exupéry seiner Geschichte vom kleinen Prinzen mit auf den Weg gegeben hat. Das Schaf, der Fuchs, die Rose waren natürlich auch zu sehen. Und viele Sterne, von denen wir wissen, dass sie lachen können. Der kleine Prinz auf Briefmarken? Der kleine Prinz so sehr verkleinert? Warum eigentlich nicht?, dachte ich. Wenn ich mir vorstelle, dass diese Miniaturausgaben mit Szenen aus der berühmten Geschichte millionenmal von Frankreich aus in die ganze Welt fliegen, Menschen an den kleinen Prinzen und seine Botschaften erinnern, oder die, die ihn vielleicht noch nicht kennen, neugierig machen auf das Buch?

Meine Lieblingsstellen in der Geschichte haben im Laufe der Jahre gewechselt. Oder vielleicht sollte ich eher sagen, dass es immer mehr geworden sind? Nach wie vor gehören diese Sätze zu meinen liebsten, zu denen, die ich auswendig kann: Wenn du bei Nacht den Himmel anschaust, wird es dir sein, als lachten alle Sterne, weil ich auf einem von ihnen wohne, weil ich auf einem von ihnen lache. Du allein wirst Sterne haben, die lachen können.

Die Texte in diesem Buch sollen terre des hommes dabei helfen, dass von den vielen benachteiligten Kindern auf dieser Erde mehr und mehr wieder Grund haben werden zu lachen, dass unser Planet ihnen ein Zuhause bietet, das diesen Namen verdient. „Du wirst Sterne haben, wie sie niemand hat." Das verspricht der kleine Prinz dem Piloten. Und doch – die Sterne hat er uns allen geschenkt.

ES WIRD AUSSEHEN, ALS WÄRE ICH TOT
UND DAS WIRD NICHT WAHR SEIN...

Ilse Bintig

Brief an einen Freund

Mein lieber Freund, den letzten Brief schrieb ich dir vor 55 Jahren. Er erreichte dich nicht und ich weiß, dass auch dieser Brief niemals ankommen wird.

Es ist ein besonderer Anlass, der mich dazu bewegt, an Stelle unserer stillen Zwiegespräche einen Brief zu schreiben.

Am 29. Juni 2000 wird der 100. Geburtstag eines Menschen gefeiert, der dir und mir sehr nahe stand, obwohl wir ihn nicht kannten und nichts von ihm wussten.

Anfang der fünfziger Jahre, unsere Stadt zeigte noch deutliche Spuren der Bombenangriffe, stand ich vor dem Schaufenster einer kleinen Buchhandlung. Dort lagen Bücher mit Autorennamen, die ich nie gehört hatte. Kein Wunder! Während des Dritten Reiches wurden uns viele bekannte Autoren aus dem Ausland vorenthalten. Vor allem, wenn ihre Werke nicht in das Menschenbild des Nationalsozialismus passten.

Ich war neugierig auf die Literatur, die in den sogenannten „Feindstaaten“ während des Zweiten Weltkrieges entstanden war. Und vor allem auf die französischen Dichter.
Du, lieber Freund, hast meine Vorliebe für die französische Kultur geteilt. Wie oft hast du geschrieben, dass du mit mir nach Frankreich fahren wolltest, „wenn Frieden ist“. So hieß es immer am Schluss aller Pläne, die wir schmiedeten.
Du hast Frankreich gesehen. Aber nicht im Frieden. Und nicht mit mir.
Alle unsere Träume sind verweht.
Aber ich will weiter erzählen von meiner Entdeckung in der kleinen Buchhandlung. Ein schmales Bändchen mit dem wohlklingenden französischen Namen Antoine de Saint-Exupéry zog mich magisch an. Obwohl ich hinter dem Titel „Der Kleine Prinz“ und den Illustrationen des Autors ein Kinderbuch vermutete, wahrscheinlich ein französisches Märchen, kaufte ich das kleine Buch.
Wer war dieser Exupéry, dieser fremde französische Autor des kleinen Prinzen?
Ich war fast erschrocken, als ich feststellte, dass es sich um einen Flieger handelte. Einen Flieger wie du. Mit der gleichen großen Leidenschaft fürs Fliegen. Aber es war Krieg und der Flieger Antoine de Saint-Exupéry gehörte der gegnerischen Luftwaffe an, die dir am Himmel über Frankreich in den Luftkämpfen begegnete. Exupéry war dein Feind.
Was ist in den Köpfen derer vorgegangen, die mit ihren Flugzeugen starteten, um ihren kriegerischen Auftrag auszuführen?
Deine Gedanken, die Gedanken des deutschen Fliegers, kannte ich, denn in den Pausen zwischen den Kampfeinsätzen schriebst du mir viele lange Briefe. Sie gaben mir nicht nur Einblicke in dein Leben als Jagdflieger, soweit es die Geheimhaltung zuließ, sondern auch in die Welt deiner Gefühle.
Was aber dachte und schrieb mitten im Zweiten Weltkrieg ein

französischer Flieger, der zugleich bereits in seinem Land ein bekannter Schriftsteller war?
Diese Frage bewegte mich, als ich den kleinen Prinzen zum ersten Mal in Händen hielt.
Ich war verwundert, dass in dieser Zeit ein Flieger in das Reich der Fantasie floh. Mein erster Eindruck war: Hier will ein am Zeitgeschehen unmittelbar Beteiligter alle Gefahren und Schrekken des Krieges vergessen.
Wollten wir das nicht auch manchmal?
Ich erinnere mich an unsere gemeinsamen Träume von einem Leben, in dem es Liebe und Geborgenheit gab, die unberührte Natur und die schönen Künste, die wir liebten.
War das auch nur Flucht, als du mir im Urlaub ein Lied schenktest, dass du in einer stillen Stunde während deiner Ausbildung zum Jagdflieger komponiert hattest? Ich höre heute noch den Klang der Geige, auf der du mir dein Lied spieltest.

Exupéry schildert ein Erlebnis nach einer Notlandung mitten in der Wüste. Solche Situationen sind auch dir nicht erspart geblieben. Wahrscheinlich hättest du so wie ich erwartet, dass den Flieger bei der Reparatur des Motorschadens sehr reale Gedanken beherrscht hätten. Allenfalls Reflexionen über den Krieg und seine Auswirkungen. Statt dessen schildert er seine Begegnung mit einem kindlichen Wesen von einem fernen kleinen Asteroiden.
Vielleicht wollte der Flieger den französischen Kindern dieses Krieges eine zauberhafte Geschichte schenken. Ein guter Gedanke des französischen Schriftstellers, dachte ich, denn Kinder leiden am meisten unter dem Krieg.
Wie oft habe ich dir, lieber Freund, von den Kindern berichtet, die ihre Kindheit in Luftschutzbunkern und in den Trümmern der Städte verbrachten, Kinder, die den Hunger kannten und den Tod. Schlimmer als zerstörte Städte sind die Verwüstungen

in den Seelen der Kinder. An die Folgen eines Krieges, an das Leid der Kinder, scheinen die Verantwortlichen nicht zu denken.
„Ich bin viel mit Erwachsenen umgegangen und habe Gelegenheit gehabt, sie ganz aus der Nähe zu betrachten. Das hat meiner Meinung über sie nicht gutgetan", schreibt Exupéry.

Beim Lesen stellte sich heraus, dass der kleine Prinz mehr ist als eine liebreizende Gestalt in einer fantasiereichen Kindergeschichte. Er zeigt uns einen Weg in das wirklich Wesentliche in unserem Leben.
Auf der Reise des kleinen Prinzen durch das Weltall begegnen ihm Gestalten, die märchenhaft anmuten und doch Menschentypen darstellen, die wir alle kennen.
Da herrscht auf einem kleinen Planeten ein König, ein von sich selbst überzeugter Monarch, der keinen Widerspruch duldet. Selbst Fragen dürfen nur auf Befehl gestellt werden.
Eine Märchengestalt? Für uns keineswegs. Hatten wir uns nicht fast alle, also auch du und ich, viele Jahre einem solchen Despoten unterworfen, ohne seine wahren Absichten zu erkennen? Der kleine Prinz weiß sehr schnell, wem er gehorchen soll. Er wählt die Freiheit und verlässt den Asteroiden.
Und was haben wir getan? Wir Erwachsenen, die wir uns doch für so klug und vernünftig halten?
Wir haben durch unsere Kritiklosigkeit viel Leid über die Erde gebracht. Und noch immer, ein halbes Jahrhundert später, gibt es „Könige" wie im „Kleinen Prinzen" und Untertanen, die blind sind. So werden weiter Kriege geführt, in denen Menschen getötet und ihre Heimstätten zerstört werden.

„Die großen Leute sind sehr sonderbar", wundert sich der kleine Prinz.
Sonderbar muten uns auch die anderen Gestalten an, die der

kleine Prinz auf seiner Reise durch das Weltall erlebt und die er durch seine kindliche Einfalt entlarvt: Der Eitle, der nur bewundert werden will. Der Säufer, der trinkt, weil er sich schämt, ein Säufer zu sein. Der Geschäftsmann, der mit dem Zählen seines Besitzes so beschäftigt ist, dass er das Kind kaum wahrnimmt. Oder der Forscher, der Landschaften kartografiert, aber keine Blumen kennt.

Je länger ich las, desto mehr begann ich den kleinen Prinzen zu lieben. Und du hättest es auch geliebt, dieses Kind, das die Ursprünglichkeit, das Vertrauen, die schöpferische Fantasie der Kindheit noch nicht verloren hatte, das Freundschaft, Liebe und Treue suchte und sich für die geliebte Rose verantwortlich fühlte. Die gleichen Werte, denen Exupéry in seinem kleinen Prinzen auf eine sehr poetische Weise Gestalt verlieh, bestimmten auch dein Leben.

Je vertrauter ich wurde mit dem französischen Autor und seinem Werk, desto mehr empfand ich die Tragik dieses Krieges. Da starten Flieger, um einander vom Himmel zu stürzen, obwohl sie von den gleichen Gedanken bewegt werden.

Wir beide, lieber Freund, haben oft erstaunt festgestellt, wie wenig wir von anderen Menschen wissen. Am schwersten aber ist es wohl, sich während eines Krieges in die Gedankenwelt des Gegners zu versetzen. Wir haben allzu selten den Versuch gemacht…

Ich bin sicher, dass ihr euch verstanden hättet, du, der deutsche Flieger, und Exupéry, der französische Flieger.

Vielleicht hättet ihr euch „jeden Tag ein bisschen näher setzen können", bis ihr euch „vertraut gemacht hättet". Aber es war Krieg und erst der Tod verwischte durch ein gleiches Schicksal alles Trennende zwischen euch.

Der 17. Juni 1944 war ein sonniger Sommertag, einer von den Tagen, die der kleine Prinz liebt, weil sie einen wunderbaren

Sonnenuntergang versprechen. Aber bevor an diesem Tag über Frankreich die Sonne unterging, wurde deine „Focke-Wulf" im Luftkampf getroffen. Dein Flugzeug stürzte brennend vom Himmel.
Wenige Wochen später, am 31. Juli 1944 – über Frankreich dehnte sich ein wolkenloser Himmel –, startete der französische Flieger Exupéry mit seiner „Lightning" zu einem Aufklärungsflug und kehrte nicht zurück.

Es waren nicht die persönlichen Wünsche und Sehnsüchte, die euer Leben bestimmten, sondern die historischen Ereignisse. Ihr durftet nicht miterleben, wie sich eure Völker nach dem Ende des Krieges „jeden Tag ein bisschen näher setzten" und schließlich Freundschaft schlossen.
Die Wracks der Focke Wulf und der Lightning wurden niemals gefunden.
Niemand kennt eure letzten Gedanken, als ihr dem Feind am Himmel über Frankreich begegnet seid. Die Welt sah nur das äußere Geschehen, die Kriegsberichterstatter zählten nur die Abschüsse der Flugzeuge. Das Menschliche blieb verborgen.
„Man sieht nur mit dem Herzen gut. Das Wesentliche ist für die Augen unsichtbar", sagt der weise Fuchs zum kleinen Prinzen. Ein Wort, das unsere Welt verändern könnte!

Es war mir unmöglich, das Buch zu lesen, ohne dabei immer wieder an dich zu denken. Viele Worte las ich mit deinen Augen.
Ich dachte an unsere letzte Begegnung, bei der wir mehr voneinander erfuhren als jemals zuvor. Zum ersten Mal sprachst du von deinen Ängsten und auch von der Angst vor dem Tod, ein Gefühl, das während des Krieges oftmals verbrämt wurde mit heldischem Gebaren. Die drohenden Gefahren lassen wohl die Scheu vor dem Aussprechen tieferer Gefühle verschwinden.

Auch der kleine Prinz, der auf die Fragen des Fliegers immer nur knapp antwortet, wird durch den drohenden Biss der Schlange fast redselig und öffnet dem Freund sein Herz, das voller Angst ist. Aber das Schicksal des kleinen Prinzen ist unausweichlich.

„Es wird aussehen, als wäre ich tot, aber das wird nicht wahr sein", sagt der kleine Prinz zu seinem Freund. „Und wenn du dich getröstet hast, wirst du froh sein, mich gekannt zu haben. Du wirst immer mein Freund sein."

In den vergangenen Jahrzehnten ist „Der Kleine Prinz" in viele Sprachen übersetzt durch die Welt gewandert. Viele Wissenschaftler haben die Geschichte Exupérys interpretiert und manchmal wurden dabei auch das Geheimnis und der poetische Glanz der Geschichte zerstört.

Wenn ich dir heute von meiner Beziehung zum kleinen Prinzen schrieb, konnte ich es nur tun mit den Augen einer Frau, die die Zeit des Krieges, in der das Buch entstand, erlebt und erlitten hat.

Ich sehe in der Botschaft des kleinen Prinzen auch eine Botschaft der Toten des großen Krieges an die Überlebenden. Zugleich ist es die Botschaft aller Kinder dieser Welt an die Erwachsenen.

In jedem Kind steckt ein kleiner Prinz, der uns Erwachsenen etwas mitteilen will. Aber die Erwachsenen verstehen oft die Sprache der Kinder nicht, weil sie wie die Gestalten auf den Asteroiden nur an Macht, Geld, Besitz und Fortschritt denken. „Kinder müssen mit großen Leuten viel Nachsicht haben", sagt der kleine Prinz.

Damals, als ich den kleinen Prinzen zum ersten Mal las, habe ich bei diesem Wort über den kindlichen Charm gelächelt. Aber heute, nach den Erfahrungen der vergangenen Jahrzehnte, möchte ich weniger Nachsicht von den Kindern fordern, sondern mehr Mut, sich Gehör zu verschaffen. Kinder haben das

Recht, von den Erwachsenen eine heilere Welt zu fordern. Und zugleich müssen sie lernen, sich selbst auf vielfältige Weise für eine bessere Welt einzusetzen.
Und wir Erwachsenen sollten endlich lernen, auf die Wünsche der Kinder zu hören. Nicht auf die Wünsche, die unserer Konsumwelt und ihrer Werbung entspringen, sondern die Wünsche und Sehnsüchte, die der kleine Prinz hat und mit ihm jedes Kind auf dieser Welt.
Wie diese Wünsche aussehen, zeigte mir mein Enkelkind an seinem zweiten Geburtstag. Er wurde mit Gästen, Geschenken und Torten gefeiert. Aber die kleine Anna würdigte die teuren Plüschtiere und Spielsachen keines Blickes, sie spielte zur Enttäuschung der Gratulanten nur mit ihrem geliebten, schon arg zerschundenen Stoffpüppchen. Auch den Teller mit Torte schob sie von sich, griff nach einem trockenen Stück Brot und biss herzhaft hinein. Dann kam sie zu mir, schob ihre kleine Hand in meine große und strahlte mich an.
So brauchen alle Kinder dieser Welt ihr tägliches Brot, dazu etwas, „was sie sich vertraut gemacht" haben und die liebevolle Hand eines Erwachsenen.
Um unserer Kinder willen dürfen wir die Botschaft Antoine de Saint-Exupérys nicht verstummen lassen. Er zeigte in einer zerstrittenen Welt den Weg zu Freundschaft und Liebe, Vertrauen und Verantwortung.
Ich gehöre zu den letzten unserer Generation und ich denke, wo immer es um die Zukunft unserer Kinder geht, haben wir die Verpflichtung, auch in eurem Namen zu sprechen. Wir müssen uns bis zuletzt verantwortlich fühlen für das, was wir lieben.
Es grüßt dich auf einem fernen Stern

Deine Barbara

Rafik Schami

Die rote Blume

Es war einmal eine kleine rote Blume, die mit vielen Blumen zusammen lebte. Die Blumen waren bunt. Es gab weiße, gelbe, violette und rote, aber alle waren sehr klein. Sie lebten hinter einem großen braunen Stein und spielten glücklich miteinander und freuten sich, wenn ein Schmetterling oder eine Biene sie besuchte.

Eines Abends hörte die kleine rote Blume einer Großmutter zu, die ihren Enkeln eine Geschichte erzählte. Als aber die Großmutter die Geschichte beendet hatte, sagte sie: „Und so seht ihr, meine Lieben, dass klein sein auch sein Gutes hat, man sollte dankbar dafür sein."
Die rote Blume wollte wissen: „Warum?"
Die Enkel lachten und die kleine gelbe Blume lispelte: „Es ist halt besser, aber du hast ja nicht zugehört."

Die rote Blume war traurig, weil sie wirklich der Erzählung genau zugehört hatte, sie aber trotzdem nicht verstand.
Am nächsten Tag fragte die rote Blume ihre Oma: „Oma, du sagst immer ‚die Welt, die Welt', was ist ‚die Welt'?"
Die Oma, eine weiße Blume, deren Blätter ein wenig welk waren, antwortete: „Ach Kind, du hast immer solche Fragen! Unsere Welt ist der Himmel, die feuchte Erde und ein großer brauner Stein, hinter dem die Welt zu Ende ist."
„Aber Oma, ich höre doch oft Klänge, wie Singen und Lachen, wie Rufen und Klingen, auch wenn es dunkel ist, und die vom anderen Ende des Steines kommen", sagte die rote Blume unsicher.
„Aber Kind", antwortete die Oma und streichelte den Kopf ihrer neugierigen Enkelin. „Am Steinende ist das Nichts. Du hörst nichts, sondern du bildest dir das nur ein."
Die rote Blume seufzte, weil sie eine andere Antwort wünschte. Sie dachte den ganzen Nachmittag nach und beschloss, in der Nacht wach zu bleiben. Als es dunkel wurde und die anderen Blumen mit einem schönen Lächeln auf den Lippen einschliefen, blieb die rote Blume wach. Sie lauschte und hörte Klänge vom anderen Ende des dunklen Steins. Die Melodie berührte die Seele der kleinen Blume so tief, dass sie sich wie berauscht bis zur Dämmerung hin und her wiegte.
Es wurde hell und die Blumen öffneten ihre Augen. Gähnend wuschen sie ihre Gesichter mit dem Tau des kühlen Morgens und begannen miteinander zu spielen.
„Ich kann es einfach nicht glauben, dass die Welt nur aus dieser feuchten Erde und diesem Himmel besteht und dass sie am Stein endet", sagte die rote Blume zu ihrer Freundin.
„Willst du nun spielen oder nicht?", wollte eine zweite wissen.
„Ich habe oft Singen und viele andere Laute gehört in der Nacht. Vom anderen Ende des Steins kommen sie", sagte die rote Blume bestimmt.

„Hau bloß ab!", rief die gelbe Blume. – „Die spinnt wohl", flüsterte die violette Blume und tippte sich mit ihrem Finger an die Stirn.
„Bleibt doch nur eine Nacht wach und ihr werdet es auch hören!", schrie die rote Blume verzweifelt.
„In der Nacht wach bleiben? Warum? Um am Tage so verschlafen zu sein wie du?", rief die gelbe Blume empört und drehte sich zu den anderen. „Nun, wollt ihr weiterspielen oder nicht?", fragte sie.
„Ja …, ja doch!", riefen die anderen und wandten sich von der roten Blume ab, die ratlos alleine dastand.
„Ich muss es versuchen", sagte sie sich und schaute zu dem braunen Stein auf. Ihre Augen glänzten.
Die rote Blume begann auf den braunen Stein zu klettern und die anderen staunten.
„Sie hat den Verstand verloren!"
„Die spinnt doch!"
„Sie stürzt noch ab!", war von der Menge zu hören. Die rote Blume kletterte unbeirrt weiter auf den braunen Stein. Plötzlich donnerte ein tiefes Lachen aus dem Stein heraus.
„Ich bin der Größte ... Ha, ha, ha ..., du wirst zurückkehren, denn du reibst dich nur wund auf meiner Panzerhaut."
Die rote Blume zitterte vor Angst. Ihre Hände begannen zu schmerzen und sie schürfte sich auch die Brust und die dünnen Knie auf.
„Komm bitte zurück!", rief ihr die Mutter schluchzend zu.
„Kind! Hier hast du es doch so schön gehabt, komm doch zurück", hallte wieder die tiefe Stimme des braunen Steins. „Es hat keinen Sinn, Kindchen, du wirst doch zurückkehren."
„Nie im Leben", ächzte die rote Blume und kletterte weiter. Sie spürte, wie wenig Angst sie jetzt vor dem Stein hatte und wie stark die Tränen ihrer Mutter sie nach unten zogen.
Nach Stunden sahen die kleinen Blumen nur noch ihren an

mehreren Stellen blutenden Körper, der sich fest an den Stein klammerte; ihren Kopf konnten sie nicht mehr sehen, sie war schon ziemlich weit gekommen. Nun schallte die Stimme des braunen Steins nicht mehr so laut und verächtlich, eher war es nun ein Geflüster: „Kind, was hast du davon, viele Blümchen haben es versucht, sie schürften sich zu Tode und fielen an meinem anderen Ende ins Nichts ... Kind, du hast es bis jetzt mutig geschafft. Kehre zurück und erzähle es den anderen. Sie werden jetzt mehr Respekt vor dir haben."

Leise drangen die Stimmen der anderen Blumen zur roten Blume hinauf. „Vielleicht ist sie schon tot." – „Sie ist schon verloren." – „Vielleicht spinnt sie doch nicht."

Die rote Blume sah den Gipfel des Steines; mit schmerzenden Fingern zog sie sich hoch.

„Nur noch ein bisschen", redete sie sich ein wenig Mut zu.

„Kind! Ich bewundere dich", flüsterte der Stein. „Kehre zurück und ich werde dir helfen, die Königin aller Blumen zu werden. Kind, du bist die mutigste aller Blumen, lass uns Freunde werden", flüsterte er weiter. Seine Stimme klang traurig. Die rote Blume atmete schwer. „Um nichts in der Welt!", rief sie und kletterte weiter. Da sah sie zum ersten Mal die Welt hinter dem braunen Stein.

Eine goldene Sonne, viele Blumen, kleine bunte Vögel, die hin und her hüpften, einen Fluss mit glitzerndem, klarem Wasser, in dem sich die Blumen, die Sonne, die Bäume und die Gräser spiegelten.

„Die Welt ist so groß", rief die rote Blume begeistert und atmete tief, als eine leichte Brise ihr ermüdetes Gesicht streifte. Sie drehte ihren Kopf und sah die weiten Felder, die bis zu den Bergen reichten, und den Wald mit seinen riesigen Bäumen. Dann wandte sie sich zum braunen Stein.

„Ein Winzling bist du in dieser Welt", sagte sie zu ihm verächtlich.

Nun wusste die rote Blume auch, dass sie sich die Klänge nicht eingebildet hatte, denn es war das plätschernde Wasser des kleinen Flusses, der Wind, der mit den Zweigen der Trauerweide spielte, und der Gesang der bunten Vögel, was sie so tief in der Seele berührte.
Die rote Blume verliebte sich schnell in die Sonne, die sie erstaunt anschaute.
„Willst du mit mir spielen?“, rief sie ihr zu und die Sonne lachte ihre neue Freundin an.
„Ja, gerne“, sagte sie und reichte ihr zwei glitzernde Strahlen. Die rote Blume streckte ihre Hände aus, packte sie und spielte den ganzen Tag mit der schönen Sonne, bis diese müde wurde und hinter den Bergen schlafen ging.
„Du gefällst mir!“, rief die Sonne, bevor sie verschwand.
„Du mir auch“, versicherte die rote Blume.
„Bis morgen“, verabschiedete sich die Sonne und winkte noch lange.
Am nächsten Tag spielte die rote Blume mit den Vögeln und Schmetterlingen und schlief bei Sonnenuntergang erschöpft ein. Mitten im Schlaf spürte sie eine Hand, die sie zärtlich streichelte. Sie machte die Augen auf und sah, wie alles um sie herum in silbernes Licht getaucht war.
„Und wer bist du?“, fragte die rote Blume den lächelnden Vollmond, dessen Hand sie spürte.
„Ich bin der Mond. Meine Mutter, die Sonne, hat mir von dir erzählt.“
Die rote Blume lächelte verlegen.
„Willst du mit mir spielen?“, fragte sie munter.
„Ich … kann …, eh …, nicht gut spielen …, aber wenn du …, wenn du magst, kann ich dir Geschichten erzählen …“, stotterte der Vollmond schüchtern.
„Oh, ja!“, rief die rote Blume laut und erschreckte einen Spatzen, der in der Nähe schlief.

„Ein wenig leiser, wenn ich bitten darf", stöhnte der Spatz, und der Mond erzählte der roten Blume viele Geschichten und streichelte ihren Kopf mit seiner silbernen Hand, bis sie einschlief. Als sie aufwachte, lachte die Sonne vergnügt, sie stand schon sehr hoch am Himmel.
„Na! Hat mein Sohn dir den Schlaf geraubt?"
„Oh, nein! Er erzählte sehr schön", antwortete die rote Blume und gähnte.
„Nun komm, wir spielen noch ein paar Stunden!", ermunterte die Sonne die kleine Blume.
„Ich möchte schon gerne, aber wenn meine Freunde heraufklettern und mitspielen könnten, wäre es noch schöner. Lass mich nach ihnen rufen", bat die rote Blume.
„Ja, das wird bestimmt noch besser, beeile dich", stimmte die Sonne ihr zu, und die Blume begann ihre Eltern und Freunde zu rufen. Immer wieder schrie sie ihre Namen und lauschte auf eine Antwort, aber sie hörte nichts.
Als die Sonne hinter den Bergen schlafen ging, war die Blume ganz erschöpft. Es wurde dunkel, aber sie versuchte es immer wieder, bis ihr die Augen zufielen.
Eines Tages ging der Wind spazieren. Er sah die rote Blume. Verärgert fragte er: „Was machst du hier? Du gehörst da unten hin, an den braunen Stein."
Die rote Blume fragte zurück: „Wer sagt denn das? Warum?"
Der Wind stotterte: „Äh … Das ist nun mal so!" Er hielt inne. „Und du störst mich hier. Immer wenn ich über den Stein gleiten will, kratzt du mich", fügte er hinzu.
„Dann geh doch einen anderen Weg, denn bald kommen meine Geschwister und die kratzen dich noch mehr", antwortete die Blume und fing an, von neuem nach ihren Freunden zu rufen.
Der Wind wurde plötzlich freundlich. „Schau, warum können wir nicht Freunde werden? Lass deine Freunde da unten und

krieche weiter, wie du willst. Ich helfe dir auch... Schau dir den Efeu an, der ist nicht nur mutig wie du, der ist auch vernünftig. Er passt sich allem, woran er kriecht, unauffällig an", sprach der Wind.
„Aha, weil er seine Freunde im Stich lässt! Nicht mit mir. Weißt du, ich glaube, wir werden keine Freunde. Die Sonne ist meine Freundin, und sie liebt auch alle Blumen."
Der Wind zog sich verbittert zurück. „Du wirst für deine Sturheit zahlen", grollte er.
Aus einem Traum aufschreckend, erwachte die rote Blume. Sie suchte die Sonne überall, aber sie war nicht zu finden, der Himmel war grau bemalt. Weit und breit war kein Vogel, kein Schmetterling zu sehen, und der Fluss spiegelte nur den grauen Himmel. Eine eisige Kälte fuhr ihr in die Glieder. Der Wind stürmte auf die rote Blume und packte sie mit seinen kräftigen Krallen. Sie schrie vor Schmerz. Dann schlug sie auf seine Krallen und taumelte im Kampf gegen den wilden Sturm. Die Welt drehte sich vor ihren Augen und sie sah viele Blumen und Blätter, die mitgerissen wurden und schreiend durch die Luft wirbelten. Wütend biss sie in die linke Klaue des Sturmes. Der wurde ganz zornig und schlug erbarmungslos auf sie ein ...
Zerschunden lag sie auf der Erde neben dem braunen Stein, der wieder schallend zu lachen begann. Die kleinen Blumen rannten zu ihr hin, manche lachten höhnisch, andere weinten, eine alte weiße Blume humpelte auf ihren Krücken durch die Versammelten zur blutenden roten Blume.
„Das hast du davon", sagte sie gehässig.
Die rote Blume lächelte.
„Hört nicht auf sie!", rief sie und biss sich in die Lippen vor Schmerz, „die Sonne ist so schön, eine ganz bunte Welt wartet auf euch... Dieser braune Stein ist mickrig klein... Ich habe es euch doch zugerufen! Habt ihr mich nicht gehört?"
„Oh, doch", schluchzte die gelbe Blume.

„Und sie sagten zu mir, ich bilde es mir nur ein“, fügte eine kleine violette Blume hinzu.
„Dieser Stein ist nichts im Vergleich zur großen Welt und die Geschichten vom Mond sind die schönsten, die ich je gehört habe. Mit seiner Hand kann er leicht die Dunkelheit hinwegfegen und der ganzen Welt einen silbernen Mantel geben... Habt ... keine ... Angst... Die Sonne wartet auf euch...“, rief die rote Blume mit letzter Kraft, und sie starb mit einem wunderschönen Lächeln auf dem Gesicht.
Die kleinen Blumen knieten auf dem Boden, küssten die bleiche Stirn der roten Blume und begannen auf den braunen Stein zu klettern. Manche starben unterwegs, aber die anderen gaben nicht auf und kämpften verbissen weiter.
Und seit diesem Tag leben keine Blumen mehr unter den Steinen, sie klettern so lange, bis sie mit den Strahlen der Sonne spielen und die Geschichten des Mondes hören können.

Alma Alice

Traumland

Wenn ich mich hinlege,
um meine Augen zu schließen,
spüre ich die Fantasie in mir fließen!
Zum Beispiel, dass es keine Gewalt
und keinen Krieg auf der Welt gibt
und dass man keinem die Liebe wegnimmt.
Im Traumland erwache ich am Frühlingstage
und küsse dein Gesicht,
das so süß und brennend heiß ist.

Im Traumland ist es wunderbar,
einfach alles klar!
Im Traumland ist es wunderbar,
einfach alles klar!

Oh, oh! Aber nur im Traumland,
nur im Traumland ist es wunderbar!
Na klar!
Ich kann es nicht ändern,
es ist nur ein Traum,
aber das glaubt man kaum,
wenn man im Traumland ist
und alles um sich herum vergisst.
In meinem Traum ist alles wunderbar,
keine dunklen Wolken,
alle lieben sich,
so wie du und ich!

Im Traumland ist es wunderbar,
einfach alles klar!
Im Traumland ist es wunderbar,
einfach alles klar!
Oh, oh! Aber nur im Traumland,
nur im Traumland ist es wunderbar!
Na klar!

Das Gedicht vom Traumland schrieb die elfjährige Alma Alice, Schülerin und Flüchtling in Deutschland, bevor sie nach Bosnien zurückkehrte.

Ich wusste ja, dass es ausser den grossen Planeten wie der Erde, dem Jupiter, dem Mars, der Venus, denen man Namen gegeben hat, noch hunderte von anderen gibt, die manchmal so klein sind, dass man Mühe hat, sie im Fernrohr zu sehen.

Hans-Martin Große-Oetringhaus

Lichtmüll und galaktische Gefühle

Es steht in der Zeitung, sogar auf der Titelseite. Womöglich hätte ich es sonst gar nicht gelesen. In diesen Nächten des gerade begonnenen Augusts soll der Himmel voller Sternschnuppen sein. Als es beginnt, dunkel zu werden, gehe ich mit meinen Söhnen in den Garten. Wir legen uns ins Gras und warten. In der Stadt muss man lange warten bis es dunkel wird. Und richtig schwarz wird die Nacht nie. Jenseits der Stadtautobahn erleuchten die Flutlichter des Fußballstadions den milchigen Himmel. Wir versuchen am Auf- und Abschwellen des Beifalls den Stand des Spiels abzulesen. Endlich ist es zuende und die Flutlichter werden abgeschaltet. Jetzt können die Sterne hervortreten. Da schaltet der Nachbar die Strahler in seinem Badezimmer an. Er duscht zum Glück kürzer, als es Jonas und Lukas zu tun pflegen. Als das Licht erlöscht, kommen die Laserstrahler, die im Norden der Stadt auf ein Diskoereignis hinwei-

sen sollen und sich hoch in den Himmel richten, erst richtig zur Geltung. Und auch die Laternen der Stadtautobahn wirken heller als zuvor.
Je angestrengter wir unsere Blicke in den Himmel bohren, desto stärker scheint uns der Lichtmüll die Sicht zu nehmen. Lichtreflexe der Stadt und der Industrie. Der Himmel ist milchig gelb und nicht schwarz. Obwohl der Rasen allmählich feucht wird, geben wir nicht auf. Und dann treten die Sterne doch noch langsam hinter dem Lichtschleier hervor, schüchtern noch, aber sie sind deutlich zu erkennen.

Plötzlich… Ist das wirklich eine Sternschnuppe gewesen? Natürlich haben wir im entscheidenden Augenblick in die falsche Richtung geblickt. Aber bald darauf noch einmal: Ein glühender Bogen über den halben Nachthimmel. Dann noch einer. Und noch einer. Und bei jedem darf man sich etwas wünschen. Aber darüber rede ich nicht, denn das wäre die sicherste Garantie, dass es nicht in Erfüllung geht. Wir sehen. Und staunen. Und wünschen.
Was ist eine Sternschnuppe? fragt Lukas. Ich versuche mich an die Schulzeit und das Studium zu erinnern. Aber die astrophysikalischen Erklärungen geben keine Antwort auf das Staunen und auf die Faszination. Und die Sterne? Wie weit ist es bis dort oben? Das weiß ich auch nicht. Und wenn ich es wüßte, was würde es schon bedeuten, wenn ich Zwölfbillionen oder Siebentrilliarden sagen würde. Eigentlich weiß man gar nicht einmal, ob das, was wir da sehen, überhaupt noch existiert. Ob nicht der eine oder andere Stern längst verloschen ist und sein Licht erst jetzt bei uns ankommt. Vielleicht blicken wir in die tiefste galaktische Vergangenheit hinein. Gibt es Leben dort? Irgendwo? Eine Frage, die alle Kinder stellen. Und alle Forscher. Forscher müssen wie Kinder sein, müssen kindliche Fragen stellen können.

Ob sie auch nach dem Stern des Kleinen Prinzen fragen? Von einem der vielen hellen Punkten über uns muss er doch gekommen sein. Irgendwo dort oben wird er seine Vulkane fegen und sich um seine Rose kümmern. Auch mit Teleskopen könnten wir ihn nicht entdecken. Wen wundert es? Man sieht nur mit dem Herzen gut. Das hat bereits der Kleine Prinz gewusst.

Wir liegen noch immer auf dem Rasen. Die Feuchte wird zur Nässe. Über uns die Sterne. Und die Sternschnuppen.
Endlos erscheint der Himmel über der endlichen Stadt. Endlosigkeit ist ein Gefühl, das ich heute selten verspüre. Wenn ich früher mit der Freundin in lauen Sommernächten zum Baggersee fuhr und nach dem Baden neben ihr am Ufer lag, den Kopf auf ihrer Brust, und wenn ich dann versuchte, mit den Blicken einzelne Sterne aus der Milchstraße herauszupicken und dabei auf ihren Herzschlag hörte, dann hatte ich so etwas gefühlt wie Unendlichkeit. Grenzenlosigkeit. Ich versuche die Erinnerung lebendig werden zu lassen und auf den Herzschlag meiner Söhne zu hören. Aber das Heranbrausen der Autos auf der Stadtautobahn ist zu laut. Wir befinden uns nicht irgendwo in galaktischer Stille und Endlosigkeit. Wir sind in der Stadt.

Man darf Blumen nicht zuhören,
man muss sie anschauen und einatmen.

Anne Steinwart

Im Kinderland

Himmelhoch
wachsen die Bäume
und kitzeln
die Sterne

Tausendschön
blühen die Blumen
und flüstern
und lachen

Wer pflanzte
den Dornbusch?
Wer säte
die Disteln?

Du weisst – meine Blume –
ich bin für sie verantwortlich...
sie ist so schwach...
Sie hat vier Dornen, die nicht
taugen, sie gegen die Welt zu schützen ...

Isolde Heyne

Der Kleine Prinz von Mantes-la-Jolie

Mantes-la-Jolie liegt eine halbe Autostunde westlich von Paris und ist eine Stadt mit allen Problemen, die Satellitenstädte von Ballungszentren an sich haben: Wohnungsnot, Arbeitslosigkeit, hoher Ausländeranteil, Drogen, Gewalt. Die Schule dort trägt den Namen des französischen Schriftstellers Saint-Exupéry.

Dies wusste ich schon vor meiner Lesereise, denn die jüngsten gewalttätigen Ausschreitungen in der Stadt waren wenige Wochen zuvor auch durch deutsche Medien bekanntgeworden. Trotzdem machte mich die Atmosphäre dieser Stadt betroffen. Wohnsilos, Punkthochhäuser, deren Türen und Fenster wegen Einsturzgefahr zugenagelt waren, eine riesige Schule aus Beton, kümmerliches Grün, dafür Graffiti überall. Die dürftigen Reste der ursprünglichen Stadt mit der Kirche muteten an wie der

rührende Versuch, den abweisenden Eindruck dieser Betonlandschaft zu mildern.
Einladend war das alles nicht gerade, eher abweisend, zumal mir die Lehrkräfte noch Einzelheiten erzählte, was die beängstigende Gewaltbereitschaft Jugendlicher betraf. Aber sie zeigten mir auch eine weißgekalkte Wand, auf die in schwarzer Farbe eine Art Demonstrationszug gesprüht worden war. Die Geschichte dazu war folgende: Die Polizei hatte Jugendliche festgenommen, die sich an Krawallen und Vandalismus beteiligt hatten. Es war eine große Aktion, und langwierige Verhöre folgten. Einer der jugendlichen Täter benötigte dringend sein Asthmamedikament, das ihm die Eltern ins Untersuchungsgefängnis brachten. Es wurde ihm nicht ausgehändigt. Der Junge starb bei einem Anfall.
Die Graffitiwand war von den Schülern zur Erinnerung gestaltet worden. Sicherlich auch als Mahnung. Kein einziger Farbtupfer lockerte die Darstellung auf. Zwischen den Betonwänden wirkte sie beklemmend. Und so aussichtslos.

Und doch hatte die Sache noch ein zweites Gesicht, das sich mir erst in einer Pause zwischen den Lesungen offenbarte. Ein kleines begrüntes Geviert, eine Art Hof innerhalb dieser Betonmauern. Diagonal einander gegenüber standen eine Büste von Antoine de Saint-Exupéry und eine Statue seiner literarischen Figur, des Kleinen Prinzen. Beide nicht gerade groß, und wer wollte, konnte sie auch übersehen. Sicher wurden die beiden meistens auch nicht mehr bewusst wahrgenommen, so wie man sich an einen Tisch gewöhnt oder an einen Schrank, der im Zimmer steht.

Aus irgendeinem Grund war die Schule an diesem kalten Dezembertag nicht geheizt. Ich hatte zwischen meinen Lesungen eine Pause, und so stellte ich mich an einer Mauer in die Sonne, um mich etwas aufzuwärmen. Vor mir lag der kleine Rasenplatz mit seinen beiden Figuren. Ich hatte Zeit, auch zum Nachdenken über alles, was mir über die Stadt und die Schule bekanntgeworden war. Wie schon so oft dachte ich: Warum bauen sie solche Betonklötze für Kinder? Eine Schule sollte ein zweites Zuhause sein, wo man gern hingeht, sich wohl fühlt, schöne Erinnerungen daran für sein Leben lang behält...

Da sah ich ihn. Er war klein und schmächtig. Die Jeanshose schlotterte um seine Beine, das blonde Haar hing ihm verschwitzt ins Gesicht. Von der Unterlippe lief eine dünne Blutspur, die das Sweatshirt beschmutzte. Das Kerlchen, es war sicher älter, als es wirkte, rührte mich an. Man sah auf den ersten Blick, dass ihn andere zusammengeschlagen hatten.

Ich hielt ihn an der Schulmappe, die er hinter sich herschleifte, fest. „Was ist passiert?"

Er blieb stehen und schaute mich an. In seinen Augen glänzten Tränen, um seinen Mund zuckte noch die Angst. „Sie wollten Madame Dufours Auto umkippen." Ich erinnerte mich an das, was ich über Gewalttätigkeiten, auch Lehrkräften gegenüber, gehört hatte. Umgekippte und danach ausgebrannte Autos gehörten dazu.

„Und das wolltest du verhindern?"

Der Kleine nickte. Ich nahm ein Papiertaschentuch und wischte ihm das Blut vom Kinn. „Wer ist Madame Dufour? Deine Lehrerin?"

Wieder nur ein Nicken.

„Du magst sie, nicht wahr? Sonst hättest du dich ja nicht für sie eingesetzt."

„Sie ist ein guter Mensch", sagte der Kleine. „Aber das nutzen sie aus. Man muss sie beschützen."

Ich lächelte sicher ein wenig ungläubig, denn der Junge beteuerte: „Sie ist wirklich gut. Ihr Herz ist gut. Ich kann nicht zulassen, dass sie ihr weh tun."

„Haben sie denn das Auto umgekippt?", fragte ich.
„Nein!" Das blasse Gesicht färbte sich ein wenig rosa. „Ich habe mich vorn draufgesetzt, und sie mussten mich mit Gewalt runterzerren. Dadurch vergaßen sie, was sie vorhatten."
Das war mutig. Ob Madame Dufour jemals davon erfahren würde, was ihr Schüler für sie getan hatte? Sie war um ihren Beschützer zu beneiden.
„Wie heißt du?", fragte ich ihn.
„Antoine. Merci, Madame." Er drückte das Papiertaschentuch gegen seine blutende Lippe. Dann bückte er sich und nahm die Schultasche vom Boden auf. Ich sah, dass auch seine Hände zerschrammt waren. Er hatte sich wehren müssen.
Ich schaute ihm nach, als er davonging. Die Schultasche schleifte er wieder auf dem Boden hinter sich her, die Schultern hingen nach vorn. Er wirkte zerbrechlich und traurig.
Was hatte er gesagt? Man muss sie beschützen. Ihr Herz ist gut. Ach, du kleines Kerlchen, dachte ich. Nicht jeder Mensch, der ein gutes Herz hat, kann beschützt werden. Mir fielen Sätze aus Saint-Exupérys Erzählung ein: „Du weißt – meine Blume – ich bin für sie verantwortlich ... sie ist so schwach ... Sie hat vier Dornen, die nicht taugen, sie gegen die Welt zu schützen ..."
Es war wohl, weil ich zu lange in die Sonne geschaut hatte, dass Antoines Gesicht verschwamm und mit dem des Kleinen Prinzen von der Statue eins wurde. Ich dachte: Das ist das andere Gesicht dieser Stadt, die voller Gewalt ist. Man muss auch die unsichtbaren Dinge sehen, wie das gute Herz von Madame Dufour, für das der kleine Antoine sich gegen die Großen gestellt hat. Sicher hatte er sehr viel Angst dabei. Und seine Lehrerin wird nie erfahren, wie mutig er war …
„Es geht weiter!" Monique, die mich während meines Aufenthalts betreute, holte mich zur nächsten Lesung ab. Ich ging mit ihr triste eintönige Gänge entlang, in denen ich mich bestimmt nach Monaten noch verlaufen würde. Schülerinnen und Schü-

ler kamen uns entgegen, eilig das Klassenzimmer suchend, in dem sie die nächste Unterrichtsstunde hatten. „Gibt es bei Ihnen eine Lehrerin mit dem Namen Dufour?“, fragte ich, noch etwas atemlos vom Treppensteigen. „Sie unterrichtet sicher bei den Kleineren.“

Monique überlegte. „Nein, kenne ich nicht“, sagte sie. „An dieser Schule arbeiten fast zweihundert Lehrkräfte.“ Es erübrigte sich, nach einem Schüler zu fragen, der Antoine heißt.

Schade, dachte ich. Vielleicht hatte ich das alles auch nur geträumt, einen Tagtraum in der winterlichen Sonne gehabt. Zwischen Betonmauern und vor einem Rasengeviert, angesichts einer kleinen Statue, die den Kleinen Prinzen darstellt.

Und vielleicht hatte ich mir das alles auch nur gewünscht. Ich werde manchmal gefragt, warum ich Geschichten schreibe und wovon sie erzählen. Ich sage dann: „Meine Geschichten handeln oft von denen, die sich nicht wehren können ...“

Ich bin mir nicht sicher, ob das noch stimmt. Man kann sich wehren. Aber es gehört viel Mut dazu. Und manchmal nützt auch der nichts. Wehren aber muss man sich.

Aus: Reiner Engelmann (Hg.): Tatort Klassenzimmer (Arena Verlag), Würzburg 1994

„Die Menschen bei dir zu Hause“, sagte der kleine Prinz, „züchten fünftausend Rosen in ein und demselben Garten ... und doch finden sie dort nicht, was sie suchen ...“

Karlhans Frank

Sachen sieben? Sieben Sachen?

Lachen lieben? Lieben, lachen?
Ach, das sind doch keine Sachen!
Freude, Friede, Freiheit, Güte
füllen gleichfalls keine Tüte.
Ebenfalls drückt der Verstand
keinen Abdruck in den Sand.
Ja, es werden diese sieben
Sachen alle groß geschrieben,
doch man kann nichts dafür kaufen,
nicht mit ihnen prahlend laufen.
Markenhose, Gameboy, Pferd,
Autos, Häuser sind was wert,
und vor allem sehr viel Geld...
Doch was wird aus dieser Welt?

In der Tat gab es auf dem Planeten des kleinen Prinzen wie auf allen Planeten gute Gewächse und schlechte Gewächse. Infolgedessen auch gute Samenkörner von guten Gewächsen und schlechte Samenkörner von schlechten Gewächsen. Aber die Samen sind unsichtbar. Sie schlafen geheimnisvoll in der Erde, bis es einem von ihnen einfällt, aufzuwachen.

Rüdiger Siebert

Ein Prinz und gute Ratschläge

Den thailändischen Titel mit den verschnörkelten Schriftzeichen vermochte ich nicht zu entziffern, aber den Jungen auf dem Buchumschlag erkannte ich sofort. Weizenblond die struppigen Haare, die Hände in lange grüne Hosen vergraben, die Augen staunend rund, ein wenig traurig, skeptisch, sehr nachdenklich. So steht er auf seinem Planeten mit der schönen roten Blume und den drei Vulkanen, den beiden noch tätigen und dem erloschenen; und alle drei galt es stets sorgsam zu fegen und in Ordnung zu halten.

„Der kleine Prinz“ gehöre zu ihrer Lieblingslektüre, sagte Jintana und reichte mir die Thai-Ausgabe des Bändchens, das die großen und kleinen Kinder überall auf der Welt seit vielen Jahren begeistert. Auch ihre eigene Tochter habe den Knirps vom anderen Stern sehr gern, fügte Jintana an und lächelte ein wenig unsicher, ob ich das denn auch verstehen könne; schließlich sei es doch gar nicht selbstverständlich, dass eine thailändische Mutter und ihre Tochter dieselbe Vorliebe für einen kleinen Jungen hätten, dessen geistiger Vater aus Frankreich stamme.

Ich nickte, weil ich diese Sympathie nun sehr gut verstand. Jintana ist eine energische Frau, die sonst ihre Interessen nicht auf fernen Himmelskörpern ansiedelt, sondern im unmittelbaren Lebensbereich eingreift. Sie begleitete mich durch eine üppig grüne Landschaft im Süden Thailands, die wirklich nichts mit der Wüste gemein hat, in der der kleine Prinz und Antoine de Saint-Exupéry zusammentrafen.

Jintana wohnt zusammen mit Mann und Tochter in einem Dorf nahe der Handelsmetropole Hatyai. Ich meinte, durch eine heile, fruchtbare Welt zu spazieren. Palmenhaine, gemächlich dahinplätschernde Flüsse, wogende Reisfelder, Gemüsebeete; alles in das gleissende Licht tropischer Sonne getaucht. Eine Aussenstelle des Paradieses?

Jintana, Mitte 30, das schwarze Haar kurzgeschnitten, schüttelte den Kopf. Sie berichtete sehr prosaisch von Pestiziden, Industrieabwässern und Überdüngung und davon, dass landwirtschaftliche Erzeugnisse der Region, auf den benachbarten Märkten in Malaysia angeboten, wegen zu hoher Giftstoffgehalte bereits von den Behörden zurückgewiesen worden seien. Die Bauern spritzten zu hemmungslos und unkontrolliert Chemikalien. Jintana war bei ihrem Thema. Aufklärung sei gefordert, ein Umdenken bei den Anbaumethoden vonnöten, das planetare Großreinemachen überfällig.

„Wenn es uns nicht gelingt, schon den Kindern einen Sinn für die Gefährdung der Welt zu vermitteln und die Kleinen zu veranlassen, selbst auch etwas dagegen zu tun, dann hat sie" – Jintana wies auf ihre kleine Tochter – „und dann haben wir alle keine Zukunft mehr." – Es gehe darum, schonend mit der Natur umzugehen, fügte sie an und wedelte mit dem Buch und dem kleinen blonden Jungen auf dem Titel. „Da", sie gab mir das Bändchen erneut und verwies auf eine Stelle, die ich später im Original wieder ausfindig machte: „In der Tat gab es auf dem Planeten des kleines Prinzen wie auf allen Planeten gute Gewächse und schlechte Gewächse. Infolgedessen auch gute Samenkörner von guten Gewächsen und schlechte Samenkörner von schlechten Gewächsen. Aber die Samen sind unsichtbar. Sie schlafen geheimnisvoll in der Erde, bis es einem von ihnen einfällt, aufzuwachen. Dann streckt er sich und treibt zuerst schüchtern einen entzückenden kleinen Spross zur Sonne, einen ganz harmlosen. Wenn es sich um einen Radieschen- oder Rosentrieb handelt, kann man ihn wachsen lassen, wie er will. Aber wenn es sich um eine schädliche Pflanze handelt, muss man die Pflanze beizeiten herausreißen, sobald man erkannt hat, was für eine es ist …"

Das sei ja ganz einleuchtend, ergänzte Jintana, aber wer entscheide denn, was eine gute, was eine schlechte Pflanze sei und wie es der an den Kragen gehen, mit welchen Mitteln sie herausgerissen werden solle? Die studierte Soziologin und engagierte Umweltschützerin beließ es nicht bei solchen Worten und Fragen. Gemeinsam mit ihrem Mann regte sie ein Bildungsprogramm für Grundschulen in ihrer Heimatregion an, sprach mit Lehrern und überzeugte Direktoren, den Umweltschutz zum Unterrichtsthema zu machen, obwohl dies bis dahin kein thailändischer Lehrplan vorsah. Jintana hat etwas Mitreissendes. Lächeln und bestimmt hat sie Mitstreiter gefunden.

In einigen Schulen zeigten uns die Kinder ihre Versuchsgärten mit blühenden Erfolgen. „Alles ohne chemische Düngemittel angebaut“, erklärte Jintana. Sie weiss, dass sie allein die Welt nicht verändern kann; aber sie glaubt an das gelebte Beispiel. Ihre Arbeit an den Schulen machte Schule in einem Land, in dem Umweltprobleme bisher kaum ein Thema öffentlicher Auseinandersetzung sind. „Wenn wir es nicht schaffen, bereits den Kindern ein Verantwortungsgefühl für die Natur, für ihre Welt zu vermitteln, dann wäre das alles wohl ziemlich hoffnungslos“, sagte Jintana.

Und wieder hatte sie in dem kleinen Prinzen einen Verbündeten. „Du weisst … meine Blume … ich bin für sie verantwortlich! Und sie ist so schwach! Und sie ist so kindlich. Sie hat vier Dornen, die nicht taugen, sie gegen die Welt zu schützen…“

Unterstützung für Jintanas Schulprojekte kommt auch von der deutschen Sektion von terre des hommes; und Jintana weiss sehr wohl, wo und von wem dieser Name entlehnt ist. „Es gibt noch so viel zu tun“, sagte die Frau aus dem südlichen Thailand unternehmungslustig und nahm das Buch vom Jungen mit dem weizenblonden Haarschopf wieder an sich.

„Wenn man seine Morgentoilette beendet hat“, so rät der kleine Prinz, „muss man sich ebenso sorgfältig an die Toilette des Planeten machen.“

„Warum trinkst du?", fragte … der kleine Prinz. „Um zu vergessen", antwortete der Säufer.

Sigrid Kruse

Prost mein Prinz!

Prost mein Prinz! Ich trinke ein Glas Rotwein auf deinen Geburtstag. Aber eigentlich trinke ich immer Rotwein um diese Zeit, wenn ich auf Anton warte. Das ist gut fürs Herz, wenn es zerspringen will. Aber jetzt nur kein Selbstmitleid! Heute geht es nur um dich. Prost mein Prinz, du wirst 100. Der Zopfzivi hat dich mir in der letzten Woche auf die Bettdecke gelegt. Zu meinem 90. Geburtstag. Unvorstellbar für mich: Hundert zu werden wie du. Aber es gibt sie, die Hundertjährigen. Sie sitzen in ihrem Sessel, umgeben von Enkeln und Urenkeln, starren ängstlich in die Kamera, wollen ihre Ruhe wieder, haben das Feiern verlernt. Leben in ihren Heimen wie auf fremden Planeten, für sich, ausgesetzt in einer grünen Wüste mit viel guter Luft. So lange sie können klammern sie an ein paar Erinnerungen, an einem Foto, einem Ring unter der Matratze. Prost mein Kleiner Prinz, der Dritte. Du kommst zu den ande-

ren Büchern ins Regal: Prinz, der Erste, ein Geschenk des Pastors. Prinz, der Zweite, eines zum 80. Geburtstag , Geschenk von Fräulein Urenkelin. Der Zopfzivi wirds gar nicht merken, dass ihr zu dritt seid. Er schaut sich nie im Zimmer um, keine Zeit. Er muss die Minuten zählen und notieren, wie lange er bleibt. Er weiss nicht, dass ich selbst mit der Lupe nicht mehr lese. Warum auch, mein Kopf ist voll. Prost mein Prinz, ich habe dich mal geliebt. Dann habe ich dich vergessen wie die anderen. Weil ich in den Jahren so viel zu tun hatte mit den Mächtigen, den Eitlen, den Königen des Herzens und denen des Befehlens, den Geschäftigen, den Forschern und den Trinkern. Prost mein Prinz, wenn ich trinke, atmet es sich besser und bald kommt Anton wieder. Prost mein Prinz, du wirst 100 und wirst ewig leben, ohne Gicht, ohne die Angst vor Alzheimer, ohne krummen Buckel, ohne die kalten Hände von Mila, die mich wäscht und ohne ihr Zetern, dass sie mich füttern muss und ich wie eine Schnecke sei.
Prost mein Prinz, ich beschwer mich nicht, habe mich nie beschwert darüber auf dieser Erde zu leben, in einer Stadt, in einer Straße, in einem Haus, das ich mir nicht immer selbst aussuchen konnte. Nur um zu arbeiten, um beschützen zu können, was ich mir vertraut gemacht habe: Einen Sohn, der, kaum erwachsen, wieder in eine fremde Stadt zog, weit weg und ganz von vorn anfing mit der Arbeit des Lebens. Wenn er mir sagen würde, wann er mich besucht, könnte ich mich schon am Morgen freuen. Immer, wenn ich früher allein am Meer saß und mir abends den Sonnenuntergang anschaute, dachte ich an ihn und fragte mich, ob er wohl bald schreibt. Prost mein Prinz, ich bin alt. Niemand will sich mehr für mich verantwortlich fühlen. Vielleicht bin ich auch nur traurig, weil mir niemand als Kind ein Schaf gezeichnet hat. Oder weil ich es nicht geschafft habe, meinem Sohn ein Schaf zu zeichnen. Vielleicht, weil er viel besser als ich zeichnete und viel lieber Pferde, was weiß ich!

Vielleicht wird er ein Pferdeflüsterer, hoffte ich damals. Aber er lernte lieber Englisch und Spanisch und wenn ich ihm eine helle bunte Schule hätte malen können, in der das Unterrichten von fremden Sprachen Spass macht, ich schwöre, ich hätte es getan.
Prost mein Prinz. Wenn er am Telefon von den kleinen Prinzen redete, dann meinte er nicht dich, sondern die verwöhnten Einzelkinder, die, die dich heute auslachen würden mit deinem unmodernen Haarschnitt, deinen langweiligen Geschichten von Planeten, die es nicht gibt. Heute kennen sie Star Wars und anderes. Oder sie würden dich fragen, welche Marken deine Klamotten haben. Du bist hoffnungslos altmodisch in ihren Augen. Bestimmt werden sie so blind, mit schlechtem Herzen alt, wie ich. Dabei habe ich doch meinen kleinen Sohn auf den Arm genommen und über den heissen Sand getragen, damit er sich nicht die Füße verbrennt. Ich öffnete ihm alle Fenster, damit er die Sterne zählen konnte. Vielleicht habe ich das auch nur geträumt. Oder ich hatte es ganz fest vor und dann kam wieder etwas dazwischen und ich musste ihn aus dem Geschäft anrufen und sagen: Es wird spät, warte auf morgen, auf die Ferien, auf Weihnachten, warte bis du groß bist...
Prost mein Prinz. Das ist lange her und warum sollten dich meine Gedanken interessieren. Du bist doch nur eine Erfindung auf Papier. Gib zu, du hast gar nicht geahnt, was deine Geschichte auslösen würde, wieviele Menschen dich ins Herz schließen und wieviele Schüler dich verfluchen würden, weil sie Aufsätze über dich schreiben müssen. Wieviele Liebende dich verschenken würden, mit Widmungen, für Ilse, für Karlheinz. Jetzt bist du 100 Jahre alt. Wie ist es dir ergangen, damals am Ende des Buches? Ich erinnere mich nicht. Hast du deinen Planeten wiedergefunden? Oder bist du vielleicht ein Clochard geworden, der unter einer Brücke seine Habseligkeiten versteckt? Ein paar Buntstifte, dieses kleine Buch, getrocknete Rosenblät-

ter in ein Taschentuch gefaltet. Vielleicht hast du den richtigen Zeitpunkt auf deinen Planeten zurückzukehren verpasst, oder du saßest im richtigen Zug, aber jemand hat die Weichen falsch gestellt, was weiß ich! Prost, mein Prinz. Ich hoffe für dich, dass du zurückgekehrt bist. Der Zopfzivi lügt, wenn er sagt, du bist noch unter uns. Sowas schreiben Verlage auf Buchumschläge: Dass du unbemerkt in die Familien trittst und die Herzen besetzt, bevor sie sich vor Einsamkeit und Freudlosigkeit verschließen. Du hast die Gabe der herrlichen Einfalt, sagt er. Vielleicht hattest du sie einmal.Heute bist du ein trauriger Tor, noch trauriger als Anton. Es tut mir leid, du tust mir leid, er tut mir leid, ich tu mir leid. Prost mein Prinz.

Aber ich weiß von einer, die suchte dich. Der Zopfzivi las mir die Annonce aus der Zeitung vor: Welcher große Kleine Prinz möchte sich mit einer Füchsin und drei kleinen Füchsen vertraut machen, sich langsam Stück für Stück näher wagen und mit dem Herzen zu sehen und zu fragen trauen? Prost mein Prinz. Da hättest du deine zweite Chance gehabt, Fuß zu fassen auf der Erde. Aber als du der Füchsin schreiben wolltest, stand keine Adresse dabei. Sie hatte sich hinter einer Nummer versteckt. Und wenn du später ein junges Mädchen ansprachst, weil es deiner Rose glich, lachte es dich aus und sagte: Hast du keinen Spiegel? Du sahst dich in den Scheiben des Kaufhauses und erschrakst. Du warst uralt. Prost mein Prinz, du bist Hundert! Im Traum bist du mir neulich begegnet, da warst du jung. Du saßest zwischen den Touristen auf einem Handtuch am Strand und suchtest nach schwarzen und weißen Steinen. Du legtest eine Blume und ein paar Regentropfen. Die Blume wartet auf Regen, sagtest du. Irgendwann wird der Regen kommen. Sie muss nur Geduld haben. Ich glaubte dir nicht, ich lachte dich aus. Prost mein Prinz.

Es wird Zeit für Anton. Wenn Mila weg ist am Abend und es still wird, höre ich, wie er vorsichtig die Tür öffnet und mir neuen Rotwein bringt, seinen Botenlohn aus dem Geldbeutel kassiert, um sich neuen Underberg kaufen zu können. Keine Angst, er betrügt mich nicht. Er ist nur ein trauriger Trinker. Leider hat er nicht viel Zeit für mich und meine Wünsche, weil er ein berühmter Dichter werden will. Aber nur, wenn er trinkt, kann er schreiben und was er dann schreibt, bringt mich zum Lachen. Deshalb mag ich ihn. Anton ist aus Fleisch und Blut. Er ist sein eigener Planet, er schleppt seinen Bauch wie ein Gefangener Kugel und Kette. Prost mein Prinz, ich habe ihm von dir erzählt. Stell dir vor, er kennt dich nicht. Will ein Dichter sein und kennt dich nicht, denkt du seist so einer von den Prinzen aus den Magazinen. Anton meint, die ganze Welt ist deren Planet, fünf Sterne ihr Markenzeichen an den Hotelfassaden und auf den Kognakflaschen. Aber in ihnen ist nichts als Wüste. Die verdursten, sagt Anton. Prost mein Prinz.

Die Augen sind blind.
Man muss mit dem Herzen suchen.

Willi Fährmann

Tempora mutantur

Alt ist er nun,
Der Kleine Prinz
Blind geworden sein Herz,
schon lange
vor der Bypass-Operation.
Verantwortung will er nicht mehr.
Wie sollte er auch!
Sicher, er hatte sich
Menschen vertraut gemacht.
Zweimal geschieden.
Drei Kinder.
Die Zeiten sind nun mal so.
Sein Enkel fragt:
„Hast du nicht damals
mit dem Herzen gesucht?“
Der große Prinz lächelt:
Man muss mit den Kindern
viel Nachsicht haben.

Josef Reding
Der archimedische Standort des Kleinen Prinzen

Gebt mir einen Platz außerhalb der Welt zum Stehen und ich werde das All bewegen…"

Dieser Ausspruch des großen Rechenmeisters Archimedes steht für mich hinter jedem Satz des Kleinen Prinzen. Antoine de Saint-Exupéry ist mit dieser Figur des klugen Betrachters unserer Zeit ein zauberhafter Kunstgriff gelungen. „Nur die Kinder wissen, wohin sie wollen…", sagt der Kleine Prinz zum Weichensteller.

Diesen Hinweis des Kleinen Prinzen habe ich mir durch wiederholtes Lesen zu eigen gemacht. Wohin wollen wir? Wohin wollen wir als Einzelwesen, als Familienangehörige, als Nationen, als Welt-Lebensgemeinschaft? Ich glaube, Menschen und Völker gehen darum häufig in die Irre, weil sie sich nicht klar machen, wohin sie wollen. Nicht von ungefähr teilt der Kleine

Prinz sein Wissen einem Weichensteller mit. Im scheinbaren Nebenbei liegt eine Kursbestimmung für die Zukunft.
Ich halte den Kleinen Prinzen zum mindesten für so bedeutsam wie die Charta der Vereinten Nationen. Das äußerlich schmale Werk von Antoine de Saint-Exupéry ist ein Augenöffner. Es macht sehend. Ob es um Rosen, Sonnenuntergänge oder Laternenanzünder am Nord- und Südpol geht, man nimmt mit einem „Aha!" wahr, neu wahr.
„Alle großen Leute sind einmal Kinder gewesen (aber wenige erinnern sich daran) ...", schreibt der Autor in seinem Vorwort zum Kleinen Prinzen. In der Tat: die Kindheit ist der Schatz eines jeden Menschen. Wenn ich als Schriftsteller in die Mentalität einer achtzigjährigen Frau hineinschlüpfen muss, bedarf es großer Imaginationsanstrengungen. Ich muss aus meinem angestammten Wesen hinausgehen. Aber bei der Rückbesinnung auf meine Kindheit darf ich in mich hineingehen. Wieder ein Kind sein dürfen! Wieder das Leben neu beginnen, von seinem Anfang wieder erfahren dürfen.
Dank dir, Kleiner Prinz. Dank dir, Antoine de Saint-Exupéry.

Wenn das Geheimnis zu eindrucksvoll ist, wagt man nicht zu widerstehen.

Hans-Martin Große-Oetringhaus

Das Geheimnis um Fatima

Abidjan ist eine große und moderne Stadt. Vom ursprünglichen afrikanischen Leben ist nicht mehr viel zu spüren, jedenfalls im Zentrum der Stadt nicht. Während der französischen Kolonialzeit haben die Weißen ihr ein europäisches Gepräge gegeben: moderne Hochhäuser, breite Straßen, Banken in glänzendem Chrom, spiegelndem Glas und kaltem Beton, Supermärkte mit vollen Regalen, Kinos an deren Eingängen schreiende Plakate kleben und flackernde Neonreklame. Ein weißer Mann steht mit seinem Gepäck an der Bushaltestelle. Er wartet auf den Bus, der zum Flughafen fährt. Sein letzter Tag in Afrika ist angebrochen. In wenigen Stunden wird sein Flugzeug nach Brüssel abfliegen.

Ein Bus rollt heran, hält. Die Wartenden steigen ein. Ein kleines Mädchen packt hilfsbereit den Rucksack des Mannes, stellt ihn

in den Gang und passt auf, dass er in den schrägen Kurven nicht das Gleichgewicht verliert. Die Haut des Mädchens ist dunkelbraun. Darüber trägt es ein kurzes, abgewetztes Kleidchen. Die Beine und Füße sind nackt und staubig. Das Mädchen lächelt den Mann verlegen an. Der lächelt dankbar zurück.
Ich bin in Afrika. Plötzlich – wie aus dem Nichts – vor mir ein Kind. Ist einfach da. Steht vor mir, wie der kleine Prinz auf einmal vor dem Piloten stand. Lächelt. Irgendwo in Afrika.
Zunächst geht die Fahrt durch die modernen, breiten Straßen des Stadtzentrums, dann über die große Brücke, und bald beginnen die Slums und Elendsviertel der Armen. Der Bus leert sich merklich. Schließlich bleiben nur noch wenige Fahrgäste übrig. Und das Mädchen. Es kauert noch immer neben dem Rucksack und passt auf, dass er nicht umfällt.
Dann ist der Flughafen erreicht. Die weite Eingangshalle ist aus viel Glas, Beton und Kunststoff errichtet. Innen sind Schalter, Bars, kleine Läden. Die Preise sind teuer, internationale Flughafenpreise. Der Mann, der das Mädchen für einen Augenblick aus den Augen verloren hat, entdeckt es in der großen Wartehalle wieder. Das Mädchen hat ihn längst gesehen und läuft auf ihn zu. Seine nackten Füße klatschen auf dem Kunststoffboden. Es passt gar nicht so recht mit seinen nackten Füßen, dem zerrissenen Kleid und kahl geschorenem Kopf in diese Welt der Reichen. Der geschorene Kopf bei Frauen ist hier Ausdruck der Trauer. Der Mann versucht, das Mädchen nach der Ursache zu fragen. Doch es versteht nur ein paar Wörter Französisch. Die Mutter ist gestorben, meint der Mann schließlich verstanden zu haben. Die beiden unterhalten sich mit Händen und Füßen, und schließlich kennt der Reisende sogar ihren Namen: Fatima. Sie spielen und malen zusammen, lachen sich an.
Natürlich male ich eine Schlange und einen Elefanten. Das Bild hat sich mir eingeprägt, gehört zu meinem bescheidenen Repertoire. Trotzdem habe ich meine Kariere als Maler früh aufgege-

ben. Eine kleine Gemeinsamkeit mit dem Vater des kleinen Prinzen. Aber das Bild ist wie ein Funke, der überschlägt. Ich erkenne ihn in den Augen des Mädchens wieder.

Sechs Stunden wartet der Mann auf die Ankunft des Flugzeuges. Dann ertönt endlich die Ankündigung des Fluges durch die Lautsprecher. Die Fluggäste müssen eine lange und umständliche Prozedur von Kontrollen über sich ergehen lassen: Flugkarte bei der Fluggesellschaft abholen, Gepäck abgeben, Vorzeigen der Flugkarte, Passkontrolle, Zollkontrolle, Sicherheitskontrolle, erneutes Warten in einer kleinen Wartehalle. Der Mann hat Fatima längst aus den Augen verloren. Es ist bereits dunkel auf der Landebahn. Zwei Scheinwerfer nähern sich, ein Flughafenbus hält. Er bringt die Fluggäste in strömendem Regen über die Landebahn zum Flugzeug. Der Mann läuft schnell die Gangway hinauf, um nicht allzu nass zu werden.

Die Stewardess begrüßt jeden Fluggast und nimmt die Bordkarte entgegen. Der Mann lässt sich in einem der Polstersitze nieder. Im Hinsetzen erkennt er, wie in der Reihe vor ihm ein völlig durchnässtes Bündel kauert. Im gleichen Augenblick schaut dieses nasse Etwas hoch: es ist Fatima. Sie strahlt, als sie den Mann erblickt, huscht schnell in seine Reihe und lässt sich in dem Sitz neben ihm nieder.

„Bist du alleine hier? Ist dein Vater irgendwo?", fragt der Mann verwundert und etwas hilflos.

„Vater", murmelt Fatima und deutet mit dem Zeigefinger hinter sich. Doch weit und breit ist kein schwarzer Fluggast zu sehen.

„Bitte anschnallen und nicht rauchen", ertönt eine sanfte Stimme aus dem Bordlautsprecher. Die Stewardess überprüft, ob sich auch alle richtig angeschnallt haben. Fatima hat es ausgezeichnet gemacht. Der Mann schaut die Stewardess fragend an; doch die scheint sich über das Mädchen im nassen Kleid und mit nackten Füßen neben ihm nicht sonderlich zu wundern. Die Maschine erhebt sich dröhnend, und schon bald liegt Abidjan wie ein großes Lichtermeer unter ihnen. Die breiten Straßen im Zentrum wirken wie funkelnde, goldene Ketten. An den Rändern der Stadt, dort wo die Mehrheit der Bewohner von Abidjan wohnt, wird es dunkler. Fatima schaut begeistert durch das kleine Fenster nach unten. Die Stewardess bringt jedem Fluggast ein Tablett mit dem Abendessen. Alles ist in ein eigenes Plastiktütchen verpackt: das Besteck, Salz und Pfeffer, der Nachtisch. Aufmerksam schaut Fatima zu ihrem Nachbarn hinüber und macht ihm jeden Griff nach. Öffnet die Verpackung, hantiert mit Löffel und Gabel. Der Umgang mit dem Messer erweist sich als äußerst schwierig. Als die Stewardess die leeren Tabletts wieder abgeräumt hat, wickelt der Mann Fatima in eine Decke und legt sie neben sich. Dann schläft das Mädchen sofort ein. Der Mann schaltet das Licht aus, lehnt sich zurück und denkt an das Mädchen, das ruhig und regelmäßig neben ihm atmet. Die dumpfe Ahnung, um was für eine Art von Passagier es sich bei Fatima handelt, wird ihm langsam zur Gewissheit: ein blinder Passagier. Aber wer ist dieses Mädchen? Woher kommt es? Wohin will es? Wie ist es durch die vielen Kontrollen geschlüpft? Wie hat es in strömendem Regen den Weg über das dunkle Flugfeld zur Maschine gefunden? Woher nimmt dieses Mädchen den Mut für ein solches Abenteuer? Ist es ihr erstes? Vor lauter Fragen, die er sich nicht beantworten kann, schläft der Mann schließlich ein.

Immer diese Fragen nach dem Woher! Die fernen Planeten können manchmal so nah sein. Mitten in der Stadt. Oder an ihrem Rand, dort wo die Blechhütten stehen. Und unter mir die Sahara. Hoffentlich ergeht es mir nicht so wie dem Piloten, der den kleinen Prinzen trifft. Notlandung in der Wüste. Ich brauch keinem kleinen Prinzen mehr zu begegnen. Meine kleine Prinzessin sitzt bereits neben mir. Schläft. Träumt. Und ich weiß nicht einmal, woher sie kommt. Ich schaue aus dem Fenster. Schwarze Endlosigkeit und Sterne. Aber sie behalten ihr Geheimnis für sich.

Ein Scheppern von Tabletts weckt Fatima und den Mann wieder auf. Das Frühstück wird serviert. Fatima schaut begeistert auf die Mittelmeerküste hinunter. Nach einiger Zeit fragt eine Stimme im Bordlautsprecher, wer bei der Zwischenlandung in Brüssel die Maschine verlassen will. Der Mann meldet sich. Das Mädchen schaut ihn fragend an und erhebt dann auch seine kleine Hand. Denen, die sich melden, drückt die Stewardess eine gelbe Landekarte in die Hand.

„Bitte ausfüllen und in Brüssel abgeben“, erklärt sie.

Fatima hält ihre gelbe Karte hilflos in der Hand. Sie reicht sie dem Mann hinüber und gibt ihm zu verstehen, dass er sie für sie ausfüllen soll.

Bitte zeichne mir ein Schaf! Habe ich richtig verstanden? Natürlich nicht. Ich soll kein Schaf malen, vielmehr ein Formular ausfüllen. „Wenn das Geheimnis zu eindrucksvoll ist, wagt man nicht zu widerstehen. … Ich zog aus meiner Tasche ein Blatt und Papier und einen Füller.“

Name: Fatima. Das weiß der Mann bereits. Geburtsdatum: Er schätzt ihr Alter. Etwa zehn Jahre. Dann erfindet er einen passenden Geburtstag. Wohnort: Vermutlich Abidjan. Der Mann trägt es ein. Zielort: Brüssel. Schließlich hat sich Fatima ja gemeldet. Unterschrift: Der Mann reicht ihr die Karte und einen Kugelschreiber herüber. Fatima malt auf der gestrichelten Linie eine verschnörkelte Schlange.

Stolz drückt sie ihre ausgefüllte Karte an die Brust. Jetzt kann nichts mehr schief gehen.

Alle Fluggäste müssen sich wieder anschnallen. Die Maschine verliert an Höhe. Man kann bereits das Häusermeer von Brüssel erkennen. Dann setzt das Flugzeug mit einem festen Ruck auf. Die Türen werden geöffnet, und die Passagiere drängen sich zum Ausgang. Ein kühler Herbsttag schlägt ihnen durch die Tür entgegen.

Fatima beginnt heftig zu zittern. Das Kleid ist inzwischen tro-

cken, doch es ist sehr dünn. Fatima reibt ihre nackten Füße gegeneinander.
Erste Kontrolle: Alle Fahrgäste werden durchgewunken. Zweite Kontrolle: Der gelbe Impfausweis muss vorgezeigt werden. Fatima drückt ihre gelbe Landekarte der Beamtin in die Hand. Die Frau in Uniform stutzt und nimmt Fatima freundlich beiseite. Der Mann tritt dazu und versucht zu erklären. Doch viel weiß er ja selber nicht. Er weiß nur, dass sie Fatima heißt, das steht ja auch auf der Karte. Er weiß, dass sie von Abidjan mit dem Bus zum Flughafen gefahren ist, dass sie zusammen gespielt und sich dann aus den Augen verloren haben, dass er sie in der Maschine wieder getroffen hat, und dass sie jetzt frierend in Brüssel steht. Mehr weiß er auch nicht. Er weiß nur, dass er viele Fragen hat. Und die kann er Fatima nicht stellen, weil er ihre Sprache nicht versteht. Er wird nie eine Antwort auf diese Fragen finden. Und Fatima wird er nie wiedersehen.
Der Mann, dem diese Geschichte passiert ist, bin ich.
Was mir bleibt? Die Hilflosigkeit eines Erwachsenen. Die Traurigkeit über einen Abschied. Und es bleibt das Geheimnis. Aber ich habe ja noch die Sterne. Sie werden mir helfen, Fatima in mir zu behalten.

Zähmen, das ist eine in Vergessenheit geratene Sache…
Es bedeutet sich vertraut machen.

Alexandra Uribe
Die Liebe im Kleinen Prinzen

Nicht jede Liebe ist gleich. Im Gegenteil, jede Liebe hat ihre Eigenheiten. Die Liebe in dem Klassiker von Antoine de Saint-Exupéry handelt von einem Kind-Prinzen aus einer Welt im Kleinen. Auf dem Planeten Erde wird er melancholisch. Es ist die Liebe zu einer Rose, die er zu Hause zurückgelassen hat und die – wie er glaubt – nicht für sich selbst sorgen kann. Er bekommt Heimweh.
Der dramatischste Augenblick der Liebesgeschichte spielt sich ab, als der Kleine Prinz in der Wüste den Fuchs trifft. Es entspricht der Szene, wenn jemand zum ersten Mal die tiefen Gefühle für einen anderen, einen Freund zum Beispiel, ausspricht.

Der Kleine Prinz fragt den Fuchs: „Was bedeutet ‚zähmen'?" – „‚Zähmen', das ist eine in Vergessenheit geratene Sache", sagt der Fuchs. „Es bedeutet ‚sich vertraut machen'." – „Sich vertraut machen?" – „Gewiss", sagte der Fuchs. „Noch bist du für mich nichts als ein kleiner Junge, der hunderttausend kleinen Jungen völlig gleicht. Aber wenn du mich zähmst, werden wir einander brauchen. Du wirst für mich einzig sein in der Welt." – „Ich beginne zu verstehen", sagt der Kleine Prinz. „Es gibt eine Blume. Ich glaube, sie hat mich gezähmt."

Nun, wie zähmt man eine Liebe in dieser wirklichen Welt, in der sich Blumen nicht in Menschen verlieben? Im Grunde nicht viel anders, als man einen Hund zähmt. Zunächst gibt man ihm leckeres Essen, man macht es ihm leicht, präsentiert es sauber und zu jedem Augenblick, wenn er Hunger hat. Selbstverständlich ist das mit dem Essen besorgen nicht immer so leicht. Der Hundebesitzer versucht das Tier gleichzeitig zu dressieren, damit es nur so viel frisst, wie er will, und immer dann, wenn es für ihn am einfachsten ist. Gleichzeitig verwöhnt er ihn aber auch wieder zu den unpassendsten Zeiten mit Süßigkeiten und anderen Speisen, die verboten sind, weil sie bei Besuchen lästige Gase produzieren.
Der Hund, der sehr intelligent ist und seit zehn Jahren die Zeitschrift Time liest, ohne uns das zu verraten, ist ein gezähmter Fuchs, der all das und vieles mehr weiss, der entscheidet, welcher Besuch seines Herrn ihm genehm ist, oder wann er die Nachtruhe respektiert und wann es ihm in den Sinn kommt, die Familie aufzuwecken. Aber all das bezieht sich auf die schwierige Kunst, Tiere, zum Beispiel Hunde, Füchse oder Katzen zu zähmen. Wenn es darum geht, eine Liebe zu zähmen, dann wird es noch viel komplizierter.

Eine Liebe zu zähmen, kann man als Arbeit, als ein Ziel oder auch als ein Abenteuer auffassen. Meiner Meinung nach trifft keine dieser Einstellungen den Kern der Sache. Um das Herz einer anderen Person zu zähmen, bedarf es zuallererst eines

Traumes. Man muss einen Traum von Liebe haben. Ohne die Träume, ohne die utopischen Fantasien geht gar nichts. Denn wenn es in der Liebe ein komplizierteres Hindernis zu überwinden gibt, kommen Gefühle wie Mut und Fantasie ins Spiel. Die sind wie das Kerzenlicht, das die Verliebten dahin orientiert, sich gegenseitig zähmen zu können, das heisst, sich zu brauchen.

Wer den Kleinen Prinzen noch einmal oder zum ersten Mal liest, wird dort viele Lehren für unsere neue Zeit entdecken. Als Prinz erscheint mir dieser kleine Mensch recht desorientiert und konfus. Er müsste eigentlich längere Zeit auf der Erde leben (das heisst inmitten der Probleme), um zu einem menschlicheren Prinzen zu werden. Aber das Wichtigste trägt er bereits in sich. Das Wissen. Er weiß zum Beispiel, dass sich ein Astronom bisweilen gut anziehen muss, wenn man ihm ohne Vorurteile zuhören soll. Er weiß auch, dass man Rosen nicht zu lange alleine lassen soll.

Aber, und das ist vielleicht das Schönste an dieser Liebe zwischen dieser einen unter Milliarden Rosen und diesem einzigartigen Prinzen von jenem besonderen Planeten: Alles ist möglich, weil der Kleine Prinz die Seele eines Kindes hat.

In: El Espectador, Bogotá, Übersetzung: Peter Strack

„*Nichts ist vollkommen!*“,
seufzte der Fuchs

Sara Gómez

Wer ist die Kleine Prinzin?

Als ich 21 Jahre alt war, las ich zum ersten Mal den Kleinen Prinzen. Das Buch beeindruckte mich so sehr, dass ich es am Anfang gleich 20 Mal gelesen habe. Ich nahm es jedes Mal in die Hand, wenn ich traurig war. Immer erschien es mir wie ein magischer Text, denn es brachte mir neue Träume, die mich trösteten. Es waren die Jahre, in denen ich beschloss, mit der herrschenden Ordnung der Welt zu brechen, um stattdessen damit zu beginnen zu fliegen. Ich verlies das elterliche Haus ohne zu wissen, dass dies der Beginn einer Reise ohne Wiederkehr sein würde. Ohne Rückkehr zur Entfremdung, der wir Mädchen unterworfen werden, wenn wir beginnen, uns in Frauen zu verwandeln. Das Schicksal, eingeschlossen zu werden und die Freiheit zu verlieren. „Man wird nicht als Frau geboren“, lehrte mich später Simone de Beauvoir (in: Das zweite Geschlecht, 1949), „man wird dazu. Kein biologi-

sches, physisches oder wirtschaftliches Schicksal bestimmt die Figur, die den weiblichen Menschen im Schoße der Gesellschaft ausmacht."
Seitdem handelte ich ohne Angst. Und immer war die Herausforderung, „nicht alles zu schlucken", ein Teil meiner Identität, so wie die Herausforderung, die Knoten zu lösen, die es verhindern, dass wir an der herrschenden Ordnung zweifeln. Und seitdem habe ich, wie der uruguayische Schriftsteller Eduardo Galeano, meine Zweifel über die Reichen, die Soldaten, die Weißen und die Männer...

In diesem Sinne organisierte ich vor fünf Jahren in meiner Organisation Diálogo Mujer Kurse zur Lektüre und Reflektion des Kleinen Prinzen. Das half uns, als Arbeitsteam von Frauen und Männern zusammenzurücken, die die Aufgabe haben, das Kind in uns zu entdecken, das wir verborgen hatten, nur damit es in der Welt der Erwachsenen nicht stört.
In Kolumbien finden jedes Jahr am 11. November die berühmten Wahlen zur Schönheitskönigin statt. Es war für uns der Aufhänger eines Vorbereitungsworkshops von Diálogo Mujer für eine Regionaltagung zum Thema Mädchen, den wir gemeinsam mit dem Andenbüro von terre des hommes durchführen wollten. Ich eröffnete den Vorbereitungsworkshop mit Gedanken zu diesen illustren Schönheitswettbewerben, auf die uns die Gesellschaft von Klein auf vorbereitet. Mit den Geschichten von Feen und Prinzessinnen, die auf ihren blaublütigen Prinzen warten, der uns so „schön" und konsumorientiert haben will, wie es eben den westlichen Klischees entspricht. Auch für uns anscheinend Voraussetzung, um sexuell und gefühlsmäßig Erfüllung zu finden. Da konnte ich es mir nicht verkneifen, auch den Kleinen Prinzen zu zitieren.
Kurz darauf, als wir unseren Vortrag für die erwähnte Tagung ausformulierten, versuchten wir die Idee des „Mädchens" als

eigenständiges Subjekt aus der terre des hommes-Kampagne „Gebt Kindern eine Stimme“ mit unserer feministischen Sichtweise und dem Kleinen Prinzen dieser Terre des Hommes, Erde der Menschen, in Einklang zu bringen... Und auf einmal, einer dieser magischen Momente, schaue ich Sol Suleydy Gaitán in die Augen, und gleichzeitig rufen wir aus: „Die Kleine Prinzin – Das trifft es genau.“

Es ist die Geburt der Kleinen Prinzin, mit eigenem Namen und allem, womit wir schon zuvor schwanger gingen in den Workshops mit den jungen Handpuppenspielerinnen aus Ciudad Bolívar „Huitacas“, als sie „Meri Diana 43“ schufen. Ein feministisches Stück, in dem eine befreite Frau 1992 die „Neue Welt“ entdeckt, 500 Jahre nach der „Entdeckung“ Amerikas. Oder das Stück „Blanca Pérez und die sieben Zwerge“, eine Umdichtung von Schneewittchen.

Gleichwohl, wie sehr Sol Suleydy und ich den Kleinen Prinzen auch lieben, er entkommt nicht unserem feministischen und Gender-Blick. Wir denken, er versteht die Blumen in dem Geheimnis der Liebe, aber seine Sicht hat auch viele dunkle Flecke, weil es eine rein männliche Sicht ist. Daher kommt auch sein Unverständnis, kommen seine Ängste während der Reise ins Universum (die Öffentlichkeit, das Privileg der Männer), während er die Rose-Blume im Pflanzlichen (der Privatsphäre) verortet.

Eine unbewusste Botschaft des Autors aus einer Epoche, in dem das Männliche Vorrang hatte. Aber in unserer heutigen Wirklichkeit und mit dem Blick einer Feministin, die den Finger in die Wunde legt, gilt es, gegen das „Erwachsenendenken“ zu rebellieren. Das hat der selbe Saint-Exúpery in genialer Weise in jeder seiner Persönlichkeiten des Kleinen Prinzen (alle sind männlich) herausstilisiert. Alle bleiben sie im Oberflächlichen verhaftet, allen bleibt das Wesentliche verborgen. Deshalb gilt es zu rebellieren, um dieses Mädchen (ja genau, Mädchen!) wie-

der zu entdecken, das jede Frau in sich trägt, aber aufgrund kultureller Schranken nicht ausleben darf.
In diesem Sinne müssen wir den Kleinen Prinzen lesen. Dies aber nicht durch eine einfache Verweiblichung in der Form, denn dann müsste es „Kleine Prinzessin“ heissen, was nur ein anderes entfremdetes Konzept ist, ein Mädchen zu sein. Sondern hier geht es um die „Kleine Prinzin“, die Entsprechung des berühmten und geliebten „Kleinen Prinzen“, der nichts zu tun hat mit den entfremdenden Blauen Prinzen, dafür aber um so mehr mit dem neuen Mann, dem „Maskulinisten“, ein weiteres Modell, das Dialogo Mujer dem traditionellen Macho entgegenstellt.
Die Kleine Prinzin ist also die Mädchenfigur, die wir mit der Kampagne „Gebt den Kindern eine Stimme“ angestrebt haben, jene Kleine, die mit klarer Stimme und Phantasie die „Welt auf dem Kopf“ repräsentiert, wie der Titel eines alternativen Kinderliedes lautet, dessen Autoren wir nicht nennen können, aber das uns die Botschaft von der Welt, wie sie sein soll, übermittelt. Denn der derzeitige Zustand ist weder natürlich, noch das, was Mädchen und Jungen sich wünschen. Die Welt, in der die Prinzin den Prinzen mit allen weiblichen Menschenrechten an seinen Platz stellt. Und er, eine Sonnenblume, die sich nicht daran stört, einen Augenblick auf dem Asteroiden B-612, oder besser noch 216-B festgewachsen und mit dem Privaten beschäftigt zu sein. All das ergibt sich, wenn man das Buch anders, oder einfach andersherum liest.
Es ist die Liebe dessen, der „sie sich lieber geteilt wünscht, als den Sinn des Lebens zu verlieren“, wie es Pablo Milanés in „Der kurze Augenblick, in dem du fehlst“ formuliert – geteilt mit ihrer Freiheit. Es ist der, der seine Rolle im Privaten benötigt, um sein verlorenes Wesen wieder zu entdecken. Und es ist jene, die reisen muss, um eine öffentliche Funktion zu übernehemen, damit sie den Verhältnissen eine natürlichere Ordnung geben

kann, eine Ordnung, die eher den Welten und Visionen entspricht, die „in der Luft liegen“. Hier geht es darum, zum Kleinen Prinzen zurückzukehren und sich wie er auf die Reise zu machen, um der Welt zu erzählen, wie es dieser eingesperrten Rose mit dem frei herumlaufenden Schaf ergangen ist.
Um zu erzählen, dass sie froh und gekommen ist, um selbst, ohne ihn, ihre Geschichte zurückzugewinnen. Und dass der Kleine Prinz jetzt gerne eine Sonnenblume wäre. Denn das Schaf hat sich inzwischen daran gewöhnt, Baobab-Bäume zu essen, ja sie sind zu seiner Lieblingsspeise geworden. Denn als der Kleine Prinz auf Reisen war, da ließ die Rose ihre Stacheln so stark und groß werden, bis sie zu Flügeln wurden.
Die Kleine Prinzin ist schon mitten dabei, mit anderen Mädchen und Jungen zu spielen, den Duft der Weizenfelder einzuatmen, und auch den Fuchs persönlich kennen zu lernen, um ihn zu fragen, was er über die „Femmes“ dieser „Terre“ denkt. Denn wenn die genauso jagen und die „Terre“ ausbeuten, dann müsste die Kleine Prinzin wohl zurück auf ihren 216-B, um sich mit dem Kleinen Prinzen und vielen andere Kleinen Prinzen und Kleinen Prinzinnen zusammenzutun, um unsere Terre, Terra, Tierra, World, Welt, Land, Erde … zu schützen.
Um die Schlangen anders und ohne die Sorge zu malen, sie könnten wie Hüte aussehen. Wichtig ist allein, dass sie Liebe und Mittel empfangen können von denen, die genug haben, um es denen zu geben, die weniger Möglichkeiten im Leben auf diesem Planeten haben.

Ach ja…! Nicht zu vergessen neben den Böcken die Schafe zu malen, welche alle statt Blumen lieber Baobabs fressen, die übrigens ganz delikat schmecken, wenn man sie mit Salz, Pfeffer und Mais zubereitet, jedenfalls wenn es sich um die Maissorte handelt, die wir hier in Kolumbien anbauen…
Unser Projekt von Diálogo Mujer ist es seit der Geburt der Klei-

nen Prinzin, diese Vorstellung in Workshops mit Mädchen und jungen Frauen aus Ciudad Bolívar großzuziehen, einer Vorstadt von Bogotá, in der ein sechstel Bevölkerung der kolumbianischen Hauptstadt lebt, die Idee mit Inhalten zu füllen, damit das Mädchen, das wir noch nicht kennen, aber das wir so sehr lieben, laufen und fliegen lernt.

Herbert Günther

Erste Begegnung mit dem Kleinen Prinzen

Wie! Du bist auch vom Himmel gefallen?
Das ist ja lustig.
Ich bilde mir immer ein, ich sei zu Hause.

Was bedeutet das, „zähmen“?
Was für einen Zweck haben die Dornen?
Wie kann man die Sterne besitzen?
Und was hast du vom Reichsein?

Komm und spiel mit mir.
Zeichne mir ein Schaf.
Bitte, zeichne mir ein Schaf.

UND ER VERSANK IN EINE TRÄUMEREI,
DIE LANGE DAUERTE.

Tilmann Röhrig

Der angebundene Traum

Manchmal begegnet mir der kleine Prinz. Er sieht mich nachdenklich von der Seite an. „Dicke Bücher schreiben, das kannst du. Aber große Gedanken in kleine Geschichten einpacken, wie steht es damit?“ Und weil er nicht weiter fragt, sondern still abwartet, setze ich mich neben ihn. So war es auch damals, als wir uns an einem abgemähten Kornfeld trafen. „Was hältst du von Träumen?“, wollte ich von ihm wissen.
„Es ist leicht, mit ihnen davon zu fliegen.“
Nach einer Weile erzählte ich dem kleinen Prinzen vom angebundenen Traum…

An einem sonnenklaren Herbstmorgen trug die Lerche ihr Lied in stetig steigenden Kreisen dem Himmel entgegen. Für einen Moment verharrte sie an ihrem höchsten Punkt, um sich dann zur Erde hinunterzustürzen. Hungrig schnappte sie im Fall nach

Insekten und ruhte sich Augenblick später auf dem abgemähten Kornfeld aus.
Zwei Jungen kamen johlend über die Stoppeln gelaufen. An noch knappen Leinen zogen sie große Drachen hinter sich her.
Der eine Windvogel war gekauft. Auf seine durchsichtige Bespannung war ein scharfschnäbliger Habicht gedruckt. Die zum Angriff gespreizten Krallen schienen nach der langen Kette aus schmetterlingsähnlichen Papierschleifen zu greifen.
Der andere Windvogel war aus leuchtendbuntem Drachenpapier und Holzleisten selbst gebastelt. An seinen langen Schweif waren kleine Grasbüschel gebunden.
Die beiden Vögel stiegen ein Stück und fielen gleich wieder auf das abgemähte Kornfeld zurück. Lachend hoben die Jungen sie auf, rannten – und endlich erfaßte der Aufwind die Drachen. Immer schneller trieb er sie hinauf in die herbstliche Luft. Atemlos blieben die beiden Jungen auf dem Stoppelfeld stehen und wickelten langsam die Leinen ab.
Die Lerche flatterte neugierig auf und stieg den Windvögeln nach. Sie trug ihren Jubel in den durchsichtigen Herbsttag, und bald hatte sie die beiden eingeholt.
Der heftige Streit übertönte das Lied der Lerche. Empört verteidigte sich der Drachen mit den Grasbüscheln: „Du bist eingebildet! Ich steige genau so hoch wie du!"
„Das werden wir ja sehen!", rief der Gekaufte. „Meine Bespannung ist aus bestem Kunststoff. Mein Habicht ist gefährlich – vor allem aber ist meine Leine länger. Ich werde gewinnen!"
In einem weiten Bogen umkreiste die Lerche die zankenden Drachen, schraubte sich höher und blieb ein Stück über ihnen.
Der Überhebliche starrte mit dem Habichtauge zu ihr hinauf.
„Was soll das? Hast du denn keine Leine, an der du festgehalten wirst?", fragte er.
Die Lerche trällerte vergnügt: „Nein. Ich brauche keine Leine. Ich bin eine Lerche, bin frei und fliege, wohin ich will."

„Das glaub' ich nicht", antwortete misstrauisch der gekaufte Drachen. „Hast du denn keine Angst, dass der Wind dich forttreibt?"
„Aber nein! Der Wind ist mein Freund!", jubilierte die Lerche. „Wir spielen miteinander, bis ich müde bin. Dann lasse ich mich zum Stoppelfeld hinunterfallen und ruhe mich in meinem Nest aus. Ich liebe die Sonne – und auch den Wind."
Der Habichtdrachen schwieg – und der Drachen aus buntem Papier hatte stumm zugehört. Plötzlich zerrte er an seinem Seil, tauchte in einen Luftwirbel und stemmte sich wieder gegen die Kordel. Auf einmal wollte er mehr, als einem Papiervogel möglich war. Immer heftiger wurde in ihm der Wunsch, einmal so frei zu sein, ein einziges Mal so frei fliegen zu können wie die Lerche. „Es muss herrlich sein, so hoch, wie ich möchte, dem Himmel entgegenzusteigen!"
Den gekauften Drachen hatten die jubelnden Worte der Lerche aus seiner Selbstzufriedenheit gerissen. Zornig schrie er: „Dummes Lerchengeschwätz!" Er lachte verächtlich zu ihr hinauf. „Du führst ein armseliges Leben. Du bist so winzig klein – viel zu klein! So unscheinbar! Du lebst nur im Regen und auf klebrigem Ackerboden. Also ich möchte nie mit dir tauschen!"
Die bebende Wut in der Stimme des Drachens erschreckte die Lerche. Sie wollte ihn beschwichtigen und sagte freundlich: „Aber wir können doch gar nicht miteinander tauschen. Du bist glücklich an deiner Leine – und ich bin glücklich in meiner Freiheit."
Doch der Drachen mit dem aufgedruckten Raubvogel schimpfte weiter: „Niemals möchte ich eine Lerche sein! Schaut mich doch an! Mein Habicht hat seine Schwingen weit gespannt. Die Papierschleifen an meinem Schwanz sehen aus wie angebundene Schmetterlinge. Meine Kordel hält mich und gibt mir Sicherheit. Ja, ich hasse Vögel, die einfach so herumfliegen. Eine schwarze Katze sollte dich fressen und dein Nest zerstören!"

Das kleine Herz der Lerche verkrampfte sich. Sie hatte doch nur voller Überschwang von ihrem Glück erzählt.
Der Habichtdrachen sah nur, wie sein Rivale höher und höher stieg. Voller Neid riß auch er sich los und ließ sich vom Wind eilig hinauftreiben. Er empfand keine Freiheit – sie war nicht wichtig für ihn. Er wollte nur genauso fliegen können wie der selbstgemachte Drachen. „Und ich steige doch höher als du!" Das Habichtauge starrte in leblosem Triumph.
Dann schlug der Wind um und trieb die Windvögel in rasendem Sturzflug zur Erde hinunter. Ohnmächtig schrie der Gekaufte um Hilfe. Er verfluchte die Lerche und ihr Geschwätz, er beschimpfte den Jungen, der seine Leine losgelassen hatte.
Der Drachen mit den Grasbüscheln stürzte stumm dem Stoppelfeld entgegen. Er hatte den Traum seines Lebens erfüllt. Was jetzt noch geschah, war ihm gleichgültig.
Die Lerche begleitete den Sturz der beiden Windvögel. Sie konnte nicht helfen. Der Ackerboden kam näher und wurde gefährlich groß.
Es krachte nur leicht, als die Drachen aufschlugen, doch die Stoppeln rissen lange Wunden in ihre starre Bespannung.
Die Lerche verbarg sich in ihrem Nest. Erst als am späten Vormittag die Drachen wieder im Wind standen, geflickt mit Kreuzen aus Klebeband, blickte die Lerche auf. Sie flog eilig zum weit entfernten Ende des Stoppelfeldes. Hier wagte sie, ihre Freiheit jubilierend in den sonnenklaren Himmel zu tragen.
Sie wollte die beiden Windvögel mit ihrer Lerchenfreiheit nicht beunruhigen oder verletzen. Schnell stieg sie weiter dem blauen Himmel entgegen.
Hier oben war es schön wie nirgendwo in der Welt. Hier löste die grenzenlose Weite alle Angst und Sorge einfach auf und zurück blieb ein Lied voller Dankbarkeit und Seligkeit.
Tief unter der Lerche standen die beiden Windvögel, gehalten von langen Leinen.

Der Drachen aus buntem Papier schaute sehnsüchtig hinauf. Er hörte den hellen Jubel der Lerche. Plötzlich, ohne weiter zu denken, gab er sich einen starken Ruck, riß sich los und stieg erst langsam und unsicher, dann rascher zur Lerche in den Himmel hinein.
Er war so frei – so frei wie die Lerche. Ein nie geahntes Zittern schüttelte ihn. Sein Schweif aus Grasbüscheln schlug Schlangen in den Aufwind. Er rief und seine Stimme überschlug sich: „Lerche, schau zu mir! Ich bin losgelöst. Nun kann ich fliegen, wohin ich möchte!"
Die Lerche sah entsetzt den taumelnden Flug des Drachens. Voller Angst flog sie zu ihm und warnte immer wieder: „Gib acht! Gib nur acht! Du kannst deine Flügel nicht bewegen. Halte dich so, dass der Wind dir unter die aufgespannten Arme weht – sonst stürzt du ab!"
Der Drachen war entschlossen und furchtlos. „Ich weiß. Mein Flug dauert nicht lange. Doch für einen Moment bin ich frei!"
Heftig schlug das Herz der Lerche und erstickte ihr Lied. Besorgt blieb sie bei dem glücklichen Windvogel.

„Das ist eine grosse Zeitersparnis", sagte der Händler. „Die Sachverständigen haben Berechnungen angestellt. Man erspart dreiundfünfzig Minuten in der Woche." … „Wenn ich dreiundfünfzig Minuten übrig hätte", sagte der kleine Prinz, „würde ich ganz gemächlich zu einem Brunnen laufen…"

Liesel Willems

Gehen lernen

Gehen lernen,
mit Gemürsel im Schuh.
Die Kehrmaschine in die Wüste schicken.
Die Stromrechnung mit zwei Kometen bezahlen.
Im Kühlschrank einen Ton verstecken.

Dem Nachbarn
Ein Lächeln andichten.
Ein Stück vom Mond brechen
Fürs Kind.

Es wird wachsen wollen.
Buchstabensuppe werd ich ihm kochen,
bis es geschrieben steht,
unser Glücksrad,

bis wir aufsteigen,
die Zeit verschwenden,
damit sie uns leicht in Falten legt.

Kinder müssen mit grossen Leuten viel Nachsicht haben.

Renate Welsh-Rabady

Nachsicht mit großen Leuten

Ich war dabei, ein Manuskript zum x-ten Mal zu überarbeiten. Alle Manuskripte sind schwierig, dieses war noch schwieriger als seine vielen Vorgänger. Der Verleger bemühte sich um Geduld und drängte mich nicht, aber ich wusste, dass alle Bücher für den Herbsttermin schon in Druck waren. Ich arbeitete Tag und Nacht, meine Verzweiflung wuchs, ob ich meinem Thema je gerecht werden könnte. Wenn ich gar nicht mehr weiter wusste, räumte ich einen Schrank aus, breitete sauberes Papier hinein, sortierte, faltete neu, in der vagen Hoffnung, Ordnung im Schrank würde auch Ordnung im Kopf schaffen. Irgendwann waren alle Schubladen und alle Fächer erledigt. Da beschloss ich, sobald ich das Manuskript abgeschickt hätte, würde ich mich endlich an die Kartons voll unsortierter Fotos machen und für jeden meiner drei Söhne ein Album anlegen. Natürlich hatte ich auch vorher gewusst, wie viel ich diesen Menschen schuldig geblieben war, die ich geliebt hatte und liebe. Aber als ich jetzt ihre Kinderbilder sah, überfiel mich eine schreckliche Traurigkeit über alles Versäumte. Sie sahen so verloren aus auf dem Gruppenfoto aus dem Kindergarten, so klein und verletzbar. Die Erinnerung drängte sich auf an den Tag, an dem ich die beiden Großen viel zu spät vom Kindergarten abgeholt hatte, ich hatte einfach vergessen, auf die Uhr zu schauen. Wie oft war ich ungeduldig gewesen, wie oft hatte ich nicht richtig zugehört, hatte mich hinter Arbeit verschanzt, statt mit ihnen zu spielen. Welche Verhöre hatte ich angestellt, als wäre ich ein Untersuchungsrichter. Wer hat den angebissenen Apfel ins Klo geworfen? Wer hat den Blumentopf umgeleert? Wer hat die Vase zerbrochen? Bis Georg mich anschaute und sagte: „Du tust gerade so, als würde die Vase wieder heil, wenn du wüsstest, wer's gewesen ist. Die bleibt in Scherben und absichtlich hat's keiner getan." Damals verstand ich, aber es war keineswegs das letzte Mal, dass ich anfing: „Wer von euch..." Ich hätte sie so gern in den Arm genommen, diese kleinen Buben, aber jetzt waren sie große Männer und es ließ sich nichts nachholen, gar nichts. So viele vertane Gelegenheiten. Wie oft waren sie unglücklich gewesen und ich hatte es nicht bemerkt, hatte sie nicht getröstet, obwohl ich es damals vielleicht noch gekonnt hätte? Dennoch lachten sie auf den meisten Bildern, schienen sehr beschäftigt und voll Zuversicht, dass die Welt ein guter Ort sein müßte.

Kinder müssen mit großen Leuten viel Nachsicht haben. Auch die Kinder, die wir einmal waren, müssen mit den großen Leuten, die wir geworden sind, viel Nachsicht haben, und das ist oft besonders schwierig, dachte ich. Was würde das Kind, das ich einmal gewesen war, heute von mir halten?

Mein Blick fiel auf die schmalen Bücher, in denen ich jedes Jahr die Aussprüche der Buben für ihren Großvater gesammelt hatte, die einzigen Geschenke, an denen mein Vater wirklich Freude gehabt hatte. Ich fing an zu blättern, las mich fest. Als er vier Jahre alt war, hatte Martin nach einem Tag, an dem er besonders viel angestellt hatte, zu mir gesagt: „Ich hab dich trotzdem lieb, Mami."

Hier ist mein Geheimnis.
Es ist ganz einfach: Man sieht
nur mit dem Herzen gut.
Das Wesentliche ist für die
Augen unsichtbar.

Kurt Wasserfall

Der Duft der Steine

Die Straße wand sich steil bergauf, eine von einem Lkw aufgewirbelte Staubspur verteilte der Wind in enge Schluchten, in geschützten Mulden wuchsen uralte Olivenbäume, und rote und knallgelbe Bienenkästen säumten die Straße. Ohne die Geschwindigkeit zu verringern fuhr der Lkw durch die Gassen eines Dorfes und weiter und immer höher in die steinige Bergwelt.

Das Taxi folgte dem Lkw. Der Taxifahrer erklärte mir, dass noch vor wenigen Jahrhunderten diese Felsen und Steinhänge von einem dichten Urwald überwuchert waren. Ich kurbelte das Seitenfenster herunter, es wurde immer heißer.

Dann eine letzte Kurve. Für einen Moment versperrte der Lkw die Sicht, doch der Himmel weitete sich blauer bis in eine dunstige Ferne, und tief unten sah ich das Meer. Und die Bucht, die von einem steinernen Bergrücken, der sich wie ein riesiger Löwe

ins Meer hinausschob, vor Südwestwinden geschützt wurde. Heftige Winde aus Afrika, sie brachten Sand mit, er drang bis in die verstecktesten Winkel der Häuser.
Unglaublich, sagte ich, schon vor tausend Jahren haben hier Fischer gelebt. Doch meine Familie auf den Rücksitzen interessierte das weniger.
Der Ort hatte sich dem Schutz des Berglöwen anvertraut.
Wir hatten eine Ferienwohnung mit einem Balkon gemietet, umrankt von einer dunkelroten Bougainvillea. Der Blick ging über weiß getünchte Häuser auf die Bucht und die Hänge des Löwenberges, sie wirkten von hier unten sehr viel bedrohlicher als von der Passstraße in den Bergen herab. Doch die Tavernenterrasse, die auf den Felsen direkt am Strand gebaut war, konnte man von unserem Balkon aus nicht sehen. Dort saß ich am liebsten, trank aufgeschäumten Eiskaffee und blickte auf die flimmernde, leicht bewegte Wasserfläche, oder ich sah der Frau mit den hennaroten Haaren aus der Autovermietung zu, wie sie sich schwungvoll ins Meer stürzte.
Am zweiten Tag begegnete ich Maria. Schwarz gekleidet hielt sie in der einen Hand eine Plastiktüte, mit der anderen stützte sie sich auf einen Stock. Sie blieb vor mir stehen. In der engen Gasse hatte ich keine Möglichkeit, ihr auszuweichen.
Ihr Gesicht war runzlig, ausgedörrt, fast wie die Berge ringsum. Blasse helle Augen hinter einer dicken Hornbrille. Sie hielt mir ein Pappschild hin, das ich lesen sollte, kramte einen Beutel hervor und hielt ihn mir unter die Nase.
Salbei, roch ich.
Zuerst stand sie regungslos wie aus Stein und beobachtete mich. Kritisch. Sehr kritisch.
Was sollte ich mit Salbei?
Sie wog den Kräuterbeutel in der Hand und gab ihn mir.
Salbeitee hatte ich noch nie gemocht, auch nicht bei Halsschmerzen.

Sie klopfte sich mit der Hand auf die Brust. Ihr strenger Blick verunsicherte mich, und ich holte Geld heraus. Ich kaufte die Kräuter, gab ihr etwas mehr, als sie forderte, und hatte nun meinen Salbei, an dem ich auf dem Weg durch die Gassen immer wieder roch.

Damit bessert sie ihre Rente auf, erklärte ich meinem jüngsten Sohn. Ich nahm mir vor, die alte Frau zu fragen, ob sie mir nicht auch Thymian verkaufen könne. Thymian wird bei uns mehr gebraucht.

Doch ich traf sie nicht mehr. Ich ging extra unterschiedliche Wege durch den Ort und entdeckte neue Wege und Mauern, über die Bambus wuchs, oder schmale Durchgänge, von Palmen beschattet. Andere alte Frauen fand ich schon, sie saßen auf Treppenstufen oder Stühlen in den Lauben, kochten, schälten Kartoffeln oder häkelten. Sie waren alle schwarz gekleidet, ein scharfer Kontrast zu den bunten und spärlich bekleideten Touristen. Nirgends die Alte mit der dicken Hornbrille.

Von der Tavernenterrasse konnte ich nicht nur aufs Meer hinaus sehen, auch die steinigen Hänge des Löwen lagen vor mir. Auf halber Höhe war der Eingang einer Höhle auszumachen und unterhalb einer Felswand ein gemauerter Windschutz für die Schafe, die in der grellsten Sonne den Löwenrücken abgrasten, nur gegen Mittag suchten auch sie die schmalen Schattenstreifen zwischen den Felsen auf. Die hennagefärbte Frau war schon wieder in ihrer Autovermietung verschwunden, ich wollte die Taverne auch gerade verlassen, da sah ich Maria.

Eine kleine schwarze Gestalt kletterte von der Seite her in die Felsen. Sie bewegte sich langsam, Schritt für Schritt höher, stand einen Moment still und kletterte weiter. Es schien mir ein viel zu steiles und abschüssiges Gelände für eine alte Frau, viel zu gefährlich. Aber als ich den Wirt darauf aufmerksam machte, meinte er nur, Maria kenne sich auf dem Löwen sehr gut aus. Sie sucht Kräuter und Gewürze, sagte der Wirt. Und Steine.

Maria war jetzt hinter einem Felsvorsprung verschunden, tauchte auf einem buschigen Absatz wieder auf. Sie kam bis an die äußerste Kante eines Felsens, und einen Moment sah es so aus, als trete sie hinaus in die flirrende Mittagshitze, in den Abgrund, sie war plötzlich verschwunden. Ich kniff die Augen zusammen, konnte aber die schwarze Gestalt nirgends mehr entdecken.
Die hat so ihre eigenen Wege, sagte der Wirt.
Hoffentlich passiert ihr nichts, dachte ich.
Die braucht die Steine zum Sehen, sagte der Wirt, gab mir das Wechselgeld heraus und lachte. Ein bißchen verrückt, nicht?
Abends traf ich Maria wieder.
Erleichtert, dass sie wirklich nicht abgestürzt war, klopfte ich ihr auf die Schulter und sie lächelte, ihr strenges Gesicht strahlte mich an. Auch sie freute sich, mich wieder zu sehen.
Ob sie mir Thymian verkaufen könne? fragte ich.
Das versprach sie sofort, für den nächsten Tag. Aber der sei teuer. Ich solle ihn abholen.
Wo? fragte ich. Da kramte sie einen Kiesel aus einer Rocktasche und klopfte mir damit kräftig gegen die Brust, dann drückte sie mir den Kiesel in die Hand. Sie drehte sich schnell um, schritt zum Ort hinunter und verschwand. Verwundert steckte ich den Kiesel ein.
Mir blieb nichts anderes übrig, als mich beim Tavernenwirt nach Marias Haus zu erkundigen.
Wo genau in den Bergen lebte sie?
Hinter der Schäferei an einem abgeernteten Melonenfeld vorbei einen Schotterweg aufwärts bis zu einem Bambusgebüsch. Dahinter könne ich das Haus schon sehen, am Hang, erklärte der Wirt.
Einige Tage später machte ich mich auf den Weg, Es war noch nicht Mittag und die Sonne hatte noch längst nicht ihren höchsten Stand erreicht, doch die Hitze war kaum zu ertragen. Als ich bei Maria ankam, war ich dankbar um den Schatten des

alten Ölbaums am Haus. Das Haus wirkte verlassen, an einer Wäscheleine hingen Kräuterbündel, und auch über der Tür und dem Fenster sah ich Gewürze, überall hingen Kräuterbündel und Büschel. Ich wollte rufen, doch in dem Moment kam eine junge Frau aus dem Haus, die mich erstaunt begrüßte.
Ich fragte nach Maria.
Maria sei nicht da, sagte die junge Frau, in der Bucht wahrscheinlich. Ich müsse dem Ziegenpfad folgen, links am Melonenfeld vorbei, dann käme ich in die Bucht. Ich solle vorsichtig sein, der Weg sei abschüssig.
Sie bot mir ein Glas eiskaltes Wasser an, das ich gierig trank. Als ich aus dem Schatten heraustrat, brannte mir die Sonne unbarmherzig ins Gesicht, und nach einigen Schritten beschloss ich, lieber zur Taverne zurückzugehen.
Nein, nein, rief mir die junge Frau hinterher, ich müsse doch nach links zum Meer runter. Also blieb mir nichts anderes übrig, als Maria zu suchen, die Taverne musste warten.
Am Ende der Bucht schritt die alte Frau barfuß an der Wasserkante entlang, sie hob etwas auf, sie suchte wieder Kiesel. Ich kletterte zu ihr.
Hier, sagte sie, als ich bei ihr ankam.
Sie hielt mir einen Kiesel hin, groß wie ein Taubenei. Ihre Augen glitzerten, und trotz der dicken Gläser funkelten die Pupillen. Ich nahm den Kiesel und betrachtete ihn.
Aber da riß sie ihn mir aus der Hand und schlug damit so kräftig gegen meine Brust, dass es weh tat. Ich würde einen blauen Fleck bekommen.
Nein, nein, sagte Maria wieder und wieder, mit dem Herzen sehen, mit dem Herzen!
Maria steckte den Kiesel in ihre blaue Plastiktüte, griff meine Hand und zog mich mit. In der Brandung kollerten die Steine und Schaum spritzte hoch auf. Ab und zu hob Maria einen Kiesel auf, drehte ihn zwischen den Fingern, betrachtete ihn mit

verkniffenem Blick und murmelte undeutlich: Ja, ja, alt, uralt, wie das Meer so alt. Dann steckte sie ihn ein. Sie drehte sich mir ganz zu und lächelte mich an, als wäre ich einer ihrer ältesten Freunde.

Die blaue Tüte musste schon ziemlich schwer sein, doch als ich sie ihr abnehmen wollte, stieß sie meine Hand ärgerlich weg. Ich durfte ihr aber bei dem steilen Pfad durch die Klippen aufwärts helfen, da stützte sie sich auf meinen Arm und bedankte sich herzlich. Thymian mitzunehmen vergaß ich völlig.

Gibt es mehr Menschen als Steine auf der Erde? fragte mein Jüngster abends, nachdem ich von Maria erzählt hatte.

Gibt es zwei Kiesel auf der Erde, die ganz gleich aussehen? fragte mein Zweitältester.

Warum soll man Steine mit dem Herzen betrachten? fragte meine Tochter, die Älteste.

Ja, dachte ich, das ist die Frage.

In den nächsten Tagen traf ich Maria nicht wieder.

Kurz bevor unser Urlaub zu Ende ging, geschah das Unglück. Der Tavernenwirt erzählte mir davon. Maria sei in den Felsen herumgeklettert und dabei abgestürzt. Schwer verletzt habe man sie gefunden, zu schwer verletzt. Ihre Hand umklammerte einen Kiesel.

Ich war schockiert, plötzlich war der Tod gekommen.

Nach einer Pause fuhr der Wirt fort. Sie hat ein Testament hinterlassen, eine Art Vermächtnis, angeblich auch für Sie.

Für mich? Das musste ein Irrtum sein.

Man wird es Ihnen bringen, das war ihr besonders wichtig.

Sie kann mich nicht gemeint haben, sagte ich, aber der Wirt ließ sich nicht davon abbringen. Maria habe mir etwas vermacht.

Noch am gleichen Abend brachte man mir das Erbe: Drei Säcke voll mit Kieseln.

Steine.

Maria hatte mir Steine vermacht.

Tja, sagte ich zu meiner Familie, schön nicht?
Ganz schön viele, sagte mein Jüngster.
Warum nur hatte sie ausgerechnet mir Steine vermacht?
Aber ich wollte Marias Erbe unbedingt annehmen und musste mir überlegen, wie ich die Säcke nach Hause bringen konnte. Für das Flugzeug waren sie zu schwer, ich musste sie als Fracht aufgeben. Der Tavernenwirt besorgte mir einen kleinen Transporter, mit dem ich in die nächste größere Hafenstadt fuhr. Die Säcke kamen in eine Kiste, dann in einen Container, und man versicherte mir, dass sie mit dem Schiff in einigen Wochen bei mir zu Hause ankommen würden.
Ich war gespannt, ob das klappen würde.
Doch nachdem wir aus dem Urlaub zurückgekehrt waren, mussten wir uns wieder an den Alltagsrhythmus gewöhnen, und ich vergaß die Säcke mit den Steinen. Bis eines Tages ein Lkw laut vor unserem Haus hupte und der Fahrer die Transportkiste ablud. Ich unterschrieb die Frachtpapiere, öffnete die Kiste und schleppte die Säcke in mein Arbeitszimmer.
Da hatte ich nun drei Säcke voll mit den schönsten Kieseln.
Ich öffnete einen der Säcke und nahm einen Kiesel in die Hand. Er war orangefarben, an einer Stelle etwas abgesprungen und kantig, sonst aber glatt und rund.
Und er duftete.
Ich nahm ihn und roch daran.
Wirklich, er duftete nach Salbei. Und nun fiel mir auf, mein ganzes Zimmer duftete. Der Duft entströmte den Kieselsäcken. Ich nahm verschiedene Kiesel und roch daran. Sie dufteten alle. Und sie dufteten ganz unterschiedlich. Es gab Kiesel mit Thymianduft, Kiesel mit Salbeiduft, andere rochen nach Majoran. Nach Lavendel oder Orange oder Oleander.
Die Düfte waren betäubend. Für einen Moment sah ich Marias schönes Gesicht und ihr verschmitztes Lächeln über meine große Verwirrung.

Peter Härtling
Wenn jeder eine Blume pflanzte

Wenn jeder eine Blume pflanzte,
jeder Mensch auf dieser Welt,
und anstatt zu schießen, tanzte
und mit Lächeln zahlte, statt mit Geld –
wenn ein jeder einen anderen wärmte,
keiner mehr von seiner Stärke schwärmte,
keiner mehr den anderen schlüge,
keiner sich verstrickte in der Lüge,
wenn die Alten wie die Kinder würden,
sie sich teilten in den Bürden,
wenn dies *wenn* sich leben ließ,
wär's noch lang kein Paradies –
bloß die Menschenzeit hätt angefangen,
die in Streit und Krieg uns beinah ist vergangen.

Du bist zeitlebens verantwortlich für das, was du dir vertraut gemacht hast. Du bist für deine Rose verantwortlich...

Lutz van Dijk

Rosita aus Mexiko

Zerbrechlich und doch stark. Verwundbar, so unglaublich verwundbar und immer wieder aufrecht und direkt. Jene Kinder vor allem, die zunächst so frech und unverschämt daherzukommen scheinen, verdienen nicht unser Mitleid, sondern oft vielmehr – wenn auch nicht immer – unsere Achtung. Antoine de Saint-Exupéry ist häufig wegen seiner Kunst, der wichtigsten aller Künste, nämlich durch die „Hülle", durch die Oberfläche hindurch das „Eigentliche" eines anderen Menschen zu erkennen, zitiert worden. Zu Recht. Doch gegenüber den Rosen ist er noch einen Schritt weiter gegangen. Von der Wahrnehmung zur Verantwortung: „Zeitlebens verantwortlich" sein für das, was man sich „vertraut gemacht" hat, was man einmal gesehen und erkannt hat.
Auf vielen meiner Reisen, vor allem im Nahen Osten, in Lateinamerika und Südafrika, aber auch in Hamburg oder Amster-

dam auf der Straße oder hinter den großen Bahnhöfen bin ich diesen Kindern begegnet, die wir nur erkennen, wenn wir einmal mehr hinsehen als üblich. Antoine de Saint-Exupérys Schriften haben mich bestärkt in diesem genauen Hinschauen. Und zu all den Konsequenzen, die dies zuweilen haben kann. Natürlich gibt es Rosita nicht nur in Mexico ...

* * *

Als Rosita geboren wurde, erklärte die Regierung des Landes öffentlich, dass sie bankrott sei. Schon Monate davor hatte es wilde Streiks gegeben, vor allem im Bergbau, wo Rositas Vater arbeitete und ihre älteren Brüder Alberto und Pablo, die damals ungefähr sieben und neun Jahre alt waren. So genau wusste das niemand. Sicher aber waren sie nicht älter als zehn, denn die Kleinen wurden bevorzugt in jene Schächte der Schwefelminen geschickt, wo die Gänge am engsten und die Luft am stickigsten war.

Das mit der Bankrotterklärung der Regierung hatte sich Rosita gemerkt, weil es lange der einzige Hinweis auf ihr Geburtsjahr war. In dem kleinen Dorf, in dem die Familie lebte, gab es kein Rathaus und schon gar kein Standesamt. Ihr Vater hätte wohl zur Kreisstadt fahren können, um Rositas Geburt dort eintragen zu lassen. Aber er war mehr mit dem plötzlichen Tod seiner Frau beschäftigt, die kurz nach der Geburt an unstillbaren Blutungen gestorben war. Auf das neue Kind hatte er sich mehrere Monate vorbereiten können, auf den immer strammer und runder werdenden Bauch seiner Frau Rosa seine schwielige Hand gelegt und mit stolzem Grinsen behauptet, dass er fühlen könne, dass es wieder ein Junge werden würde. Als dann aber ein Mädchen kam, nach vier Jungen das erste Mädchen, machte es ihm trotzdem nichts aus.

Der Tod seiner Frau hingegen traf ihn völlig unvorbereitet, wie einen Hieb fühlte er die Wucht des Schmerzes – so jung war sie noch, niemals ernsthaft krank, eine Frau, die alle Mühen ihres kargen Familienlebens ohne Klagen erduldet und seit ihrer Hochzeit in beinahe regelmäßigem Abstand zweier Jahre jeweils ein Kind zur Welt gebracht hatte. Das nun Geborene erhielt zunächst keinen Namen. Es wurde von allen einfach Pobresita genannt, die arme Kleine. Aber das war natürlich kein Name, und schließlich ließ ihr Vater sie auf den Namen der Mutter taufen. Gerufen wurde sie jedoch vom ersten Tag an Rosita. Als sie alt genug war, um die Bedeutung ihres Namens zu verstehen, gefiel er ihr: die kleine Rose – nicht irgendeine von vielen Blumen, sondern eine mit Stacheln, eine stolze, eine hochgewachsene und eine, deren Duft verzaubern konnte.

Rosita glaubte an Wunder, aber nicht an Zufälle: Wie eine Rose wollte sie einmal sein. Das beschloss sie, als sie noch zu klein war, um schon in den Minen zu schuften. Sie durfte ihrer Tante Isabella beim Maisernten und Kochen helfen, eine freundliche Tante, die Kinder mochte und neben ihren eigenen noch eine unübersehbare Zahl anderer unbeaufsichtigter Kinder aus dem Dorf um sich geschart hatte und den lieben langen Tag zu beschäftigen wusste, ohne sie mit allzu schwerer Arbeit zu quälen. Alle nannten sie Tante Isabella, obwohl der tatsächliche Verwandtschaftsgrad nicht Voraussetzung ihrer Fürsorge war.

Rosita mochte es besonders, wenn Tante Isabella beim Ernten sang. Manchmal summten und klatschten alle Kinder im Rhythmus der Melodie mit, für ein paar Minuten kümmerte sich niemand um die abgeschlagenen Maiskolben, die vom Boden zu sammeln und auf einen mitgeführten Holzkarren zu werfen waren. Dann standen plötzlich zehn oder fünfzehn kleine Kinder in abgerissenen Kleidern, barfuß und mit sonnenverbrannten Gesichtern im Kreis um die Tante und lachten und klatschten und vergaßen alles um sich herum. Wenn das Lied zu Ende war, verlangten sie nach einem neuen und dann noch einem.

Irgendwann war die Tante schließlich außer Puste, jedenfalls behauptete sie das, und trieb die kleine Bande wieder zurück zu den Maiskolben. Niemand arbeitete für den Jefe, der alles verwaltete, das ganze Dorf und das ganze Feld und noch zwei Dörfer und Felder. Alle arbeiteten nur für Tante Isabella, Tia Isabella, die Tante aller Kinder.

Es war im Jahr darauf, die Regenzeit hatte gerade eingesetzt, als Rosita eines Morgens, an dem sie gerade wieder zu Tante Isabella hinüberlaufen wollte, vom Vater am Arm festgehalten wurde.

„Pablo ist krank, er hustet Blut und muss ausruhen", sagte er und schaute seine einzige Tochter dabei ernst und traurig an. Rosita erschrak, denn sie wusste, dass manche Kinder starben, wenn sie einmal begonnen hatten, Blut zu husten. Sie wollte sogleich einen Tee aus Heilblättern aufsetzen für ihren ältesten Bruder, den sie besonders mochte. Aber der Vater hielt sie zurück, als sie den kleinen Blechtopf zum Wasserkochen vom Brett nehmen wollte.

„Du musst für Pablo einspringen, Rosita!", brummte der Vater so leise, als würde er sich seiner Worte schämen. Als er das Entsetzen in den Augen seiner Tochter bemerkte, fügte er hinzu: „Du musst, Rosita! Wir müssen alle, wenn wir hier wohnen bleiben wollen. Ich habe versprochen, dass ich Ersatz für Pablo bringe…"

Rosita fühlte plötzlich, dass sie nun jene Rose werden musste, jetzt sofort, wenn sie nicht für immer verdorrtes Unkraut bleiben wollte. Die Zeit des Hoffens war vorbei, die Zeit der Wunder musste beginnen. „Ich komme später, Vater!", sagte sie mit einer Klarheit in der Stimme, die sie selbst überraschte. „Ich werde erst Tee für Pablo kochen. Dann ziehe ich sein Arbeitszeug an. Geh schon vor, ich komme nach zur nächsten Schicht."

Sie spürte, dass ihr Vater sie nur zu gern vor der erniedrigenden Arbeit im Bergwerk bewahrt hätte. Aber er glaubte eben einfach nicht an Wunder. Er nickte nur wortlos, erleichtert beinah, dass Rosita, bekannt für ihren Dickschädel, keinen Widerstand geleistet hatte. In ungewohnter Zärtlichkeit strich er ihr über den Kopf, bevor er die quietschende schiefe Holztür hinter sich zuzog.

Rosita griff erneut nach dem Blechtopf, warf ein paar getrocknete Heilblätter in das Sieb, und während im Wasser allmählich Bläschen aufzusteigen begannen, faltete sie ihre kleinen Hände und betete zu Santa Isabella, der mächtigen Schutzheiligen der Kinder dieser Provinz, stärker selbst noch als San Martin, der angeblich für alle Kinder auf der ganzen Welt zuständig war: „Heilige Isabella, weil ich an dich glaube, werde ich Vater nicht gehorchen, sondern auf dich hoffen: Dass du mich beschützt, wenn ich dieses Dorf verlasse, dass meine Füße stark genug sind, um mich weit zu tragen, und mein Herz mutig genug, um nicht aufzugeben, wenn mein Magen kleinlaut wird. Heilige Isabella, beschütze auch Pablo, der krank ist vom Schwefel, und Alberto und Luis und Pedro und natürlich Vater und Tante Isabella, die deinen Namen trägt!"

Jedes ihrer Worte hatte Rosita nur gemurmelt, so ein Holzhaus in einem kleinen Dorf hat tausend Ohren. Dann goss sie das kochende Wasser über die Blätter. In Windeseile hatte sie ihre wenigen Habseligkeiten in ein kleines Tuch gebunden: ihren Blechnapf, ein verbogenes, aber noch scharfes Messer, ihre einzige weiße Bluse und eine kleine Kette mit einem roten Stein, die noch von ihrer Mutter war und immer über ihrem Bett gehangen hatte. Fotos der Mutter gab es leider keine, nicht einmal bei der Hochzeit hatte es dafür gereicht. Ernähren wollte sie sich unterwegs von Früchten und da die Regenzeit gerade eingesetzt hatte, würde sie auch nicht so schnell verdursten. Inzwischen hatte der Tee gezogen. Pablo war eingeschlafen, als sie ihm den Becher mit dem heißen Getränk neben sein Bett stellte.

„Pablito!“ rief sie und berührte den geliebten Bruder am Arm. Langsam schlug er die Augen auf und lächelte, als er Rositas magere Gestalt im Halbdunkel erkannte. Sogar seine Augen waren blutunterlaufen. Jedoch auch Rosita versuchte zu lächeln: „Du musst das trinken, Pablito – auch wenn ich weg bin.“
„Geh nicht in die Mine, Rosita!“, flüsterte er. Aber die wenigen Worte waren schon wieder zu viel. Ein plötzlicher Hustenanfall ließ seine Adern am Hals anschwellen und seine sonst so schönen braunen Augen hervortreten. Er versuchte sich aufzurichten, wobei Rosita half und ihm dann, als der Anfall etwas nachließ, sanft mit der Hand über den Rücken strich. „Hab keine Angst, Pablito, ich werde für mich sorgen…“, entgegnete die jüngere Schwester. Etwas Speichel war aus seinem Mundwinkel gelaufen. Seit Tagen hatte er sich nicht gewaschen und sah plötzlich wie ein alter Mann und nicht wie ein Junge von höchstens vierzehn aus. Rosita gab ihm einen flüchtigen Kuss auf die Wange. Sie verbarg ihr kleines Bündel unter ihrem Rock und lief die Dorfstraße in Richtung des Bergwerks hinunter.
Der Weg war schlammig vom letzten Regenguss, aber ihre nackten Füße sprangen geschickt über die großen Pfützen und Löcher. Am Ende der Dorfstraße bog sie plötzlich vom Weg ab und schlug sich an ein paar Gemüsegärten entlang hinunter zum Fluss. Der war inzwischen gefährlich angestiegen. Nur eine einzige Stelle gab es noch, wo es möglich war, ihn zu überqueren. Aber auch dort reichte das wild schäumende Wasser Rosita fast bis zur Brust. Ein umgestürzter Baumstamm gab ihr Halt und verhinderte, dass sie mitgerissen wurde. In ein oder zwei Tagen würde auch diese Stelle unpassierbar sein.
An der anderen Uferseite angekommen, kniete sie nieder, um erneut zu beten und Santa Isabella zu danken für den ersten Beweis ihrer Fähigkeiten als Schutzpatronin. Dann ergriff sie ihr kleines Bündel und begann, dem Fluss in südlicher Richtung zu folgen.

Sieben Tage war sie dem Lauf des Flusses gefolgt, ohne einem Menschen zu begegnen. Zwei Dörfern in der Nähe, von denen sie wusste, wich sie vorsichtig aus. Es gab tatsächlich genug Früchte in der Nähe des Ufers, um nicht zu verhungern. Mehrmals wurde sie von Regengüssen überrascht, wobei ihre wenigen Kleidungsstücke nach einiger Zeit am Leib wieder getrocknet waren. Am achten Tag stieß sie auf einen alten Mann, der angelte und sie noch nicht bemerkt hatte. Lautlos schlich sie in einem großen Bogen um ihn herum und beschloss danach, vom Fluss direkt nach Süden weiterzugehen.
Irgendwann wurden die Berge sanfter. Vater hatte einmal erzählt, dass hinter dem Gebirge ein großes Wasser käme, viel größer und breiter als der Fluss, ja so riesig, dass sich Wasser und Himmel am Ende gar berühren und einander blau färben würden. Sie muss noch einundzwanzig weitere Tage laufen, bis sie jenes vom Vater geschilderte Wunder tatsächlich erreicht: Noch in den frühen Morgenstunden erklimmt Rosita einen Hügel, der sich wenig später zu einem grün bewachsenen Plateau weitet. Beide Hände schlägt sie vors Gesicht, so überwältigend ist der Anblick vor ihr. Nur langsam läßt sie die Hände wieder sinken, faltet sie stumm vor Ehrfurcht und hebt erst jetzt vorsichtig die Augen: Das Wunder ist nicht verschwunden – tiefblaues Wasser, so weit sie schauen kann, und am Ende die Berührung mit einem hellblau gefärbten Himmel. Dazu eine sanfte Brise von salziger Luft, ein nie geatmeter Duft von Weite und Freiheit.
Plötzlich muss sie an ihren Lieblingsbruder Pablito denken, an die elenden, engen und dunklen Schächte in der Mine, die er ihr einmal gezeigt hat, einmal nur, und doch hat sich der Schrekken tief eingeprägt. Zum ersten Mal, seit sie ihr Dorf verlassen hat, muss sie weinen. Die Tränen rollen ihr stumm über die Wangen, wegen der Schönheit und des Elends, wegen der Freiheit und der Enge muss sie weinen, wegen dieser schroffen Wi-

dersprüche, die ihr beinahe das Herz zerreissen, und dass das alles auf dieser Erde besteht, nur achtundzwanzig Tage Fußweg voneinander entfernt.

Es wird Rosita in den kommenden Wochen tatsächlich gelingen, eine illegale Arbeit als Zimmermädchen in einem Badeort an der Küste zu bekommen. Nach acht Monaten fliegt sie von einem auf den anderen Tag hinaus, da eine Kontrolle angekündigt ist. Aber immerhin – sie hat inzwischen einhundertundfünf US-Dollar sparen können. Umgehend macht sie sich auf den Weg nach Hause, in ihr kleines Dorf, den Kopf voller Hoffnung, dem kranken Bruder gute Medizin kaufen zu können und danach mit ihm gemeinsam zurückzukehren in den Badeort, wo sie sich doch inzwischen etwas auskennt.

Doch Pablo ist tot, als sie endlich daheim ankommt. Mit einem gellenden Schrei bricht Rosita zusammen, als der jüngere Bruder Luis ihr die Mitteilung macht und versinkt ab dann in tiefes Schweigen. Das mitgebrachte Geld bleibt verborgen im eingenähten Futter ihres Gürtels. Der Vater legt sie in das einzige Bett in der Hütte, jenes Bett, in dem auch Pablo lag, und hält über Wochen jeden Abend stumme Zwiesprache mit seiner Tochter. Vorwürfe martern ihn und er schwört sich, Rosita nie ins Bergwerk zu schicken, solle sie wieder gesund werden. So wie er näher zu sich selbst findet während der Pflege seiner Tochter, so beginnt Rosita langsam in die Wirklichkeit zurückzukehren. Die ersten Worte, die sie nach der langen Zeit des Schweigens an ihn richtet: „Pablo … was für eine Blume war Pablo, Vater?“

Und den Menschen fehlt es an Phantasie.
Sie wiederholen, was man ihnen sagt...

Wolfgang Bittner

Ratschläge

Es muss in der sechsten oder siebten Klasse gewesen sein, da brachte unsere Deutschlehrerin ein Buch mit, aus dem sie uns mehrere Stunden lang vorlas: „Der kleine Prinz“ von Antoine de Saint-Exupéry. Ich fand es furchtbar langweilig und verstand damals nicht, warum unsere Lehrerin für dieses Buch so schwärmte. Außerhalb der Schule verschlang ich Karl May, Comics und Westernromane. Prinzen mochte ich sowieso nicht. Die Lehrerin las mit einer mir unangenehmen Betonung vor. Sie war mir überhaupt unsympathisch: ein ältliches Fräulein, sehr streng und tatsächlich mit einer Warze auf der Nase und einem Knoten im Haar; aber sie trug enge Pullis, unter denen ihre spritzen Brüste deutlich hervorstachen. Manchmal, wenn sie gut aufgelegt und leutselig war, sprach sie lang und breit von ihrem verstorbenen Vater, den sie „Vati“ nannte, und von seinen „Kriegsabenteuern“. Über den Autor mit dem aparten Namen sagte sie nur, dass er adlig und Flieger im Zweiten Weltkrieg gewesen sei, was meinen Widerwillen eher noch verstärkte.

Einige Sätze aus dem „Kleinen Prinzen“ hatten sich jedoch trotz allem in meinem Kopf festgesetzt und Wurzeln geschlagen. Später habe ich sie mehrmals nachgelesen und kenne sie nun auswendig:
„Die Leute“, sagte der kleine Prinz, „schieben sich in die Schnellzüge, aber sie wissen gar nicht, wohin sie fahren wollen.“
„Wenn ihr zu den großen Leute sagt: Ich habe ein sehr schönes Haus mit roten Ziegeln gesehen, mit Geranien vor den Fenstern und Tauben auf dem Dach …, dann sind sie nicht imstande, sich dieses Haus vorzustellen. Man muss ihnen sagen: Ich habe ein Haus gesehen, das hunderttausend Franken wert ist. Dann schreien sie gleich: Ach, wie schön!“
„Man kennt nur die Dinge, die man zähmt“, sagte der Fuchs. „Die Menschen haben keine Zeit mehr, irgend etwas kennenzulernen.“
„Und den Menschen fehlt es an Fantasie. Sie wiederholen, was man ihnen sagt …“
Ich begann, selber Geschichten zu schreiben. Eine handelte von einem Jungen, der von zu Hause weglief und sich im Wald eine Hütte baute. Er konnte sich mit den Tieren, Pflanzen, Steinen und sogar den Wolken unterhalten. Diese Geschichte schickte ich an die Zeitung, selbstbewusst und stolz, etwas Außerordentliches geleistet zu haben. Etwa einen Monat darauf schien mir das bestätigt zu werden. Denn der Redakteur des Feuilletons, in dem damals noch Originaltexte abgedruckt wurden, schrieb mir: „… habe ich Ihren Beitrag mit Interesse gelesen und möchte Sie einladen, mich – nach telefonischer Verabredung – in der Redaktion zu besuchen.“ Hieß das nicht, dass man mit meiner Arbeit zufrieden war, dass sie veröffentlicht werden sollte? Voller Freude nahm ich die Einladung an.
Der Redakteur war ein rühriger, von seiner Wichtigkeit überzeugter Herr mittleren Alters, der einen Anzug und eine Krawatte trug. Er ließ mir von der Sekretärin eine Tasse Kaffee ser-

vieren und wiederholte, dass er meinen Geschichte „mit Interesse“ gelesen habe. Er suchte sie aus einem Stapel von Einsendungen heraus, der sich auf einer Ecke seines Schreibtisches türmte, und begann zu blättern. „Ach ja“, sagte er, „jetzt fällt mir wieder ein, was mich gestört hat und weswegen ich Ihnen – um das gleich vorwegzunehmen – eine Überarbeitung vorschlagen möchte.“

Also: Der Junge, der von zu Hause weglief, sollte nicht zwölf, sondern vielleicht vierzehn Jahre alt sein. Er sollte nicht in Norddeutschland leben, sondern besser im gebirgigen Süden oder noch besser in Ostdeutschland. Und am besten wäre es, so meinte der Redakteur, wenn der Protagonist kein Junge, sondern ein Mädchen sei. Außerdem wurde mir aufgegeben, den Text um die Hälfte zu kürzen, damit er in eine bestimmte Rubrik passte und noch eine Zeichnung Platz hätte.

Ich bekam weitere gute Ratschläge, die mich wie Peitschenhiebe trafen. Wieder zu Hause, dauerte es mehrere Tage, bis ich die Geschichte noch einmal durchzulesen vermochte. Ich fand sie nach wie vor sehr gelungen und stimmig. Warum sollte ich sie so grundlegend ändern? Was würde dadurch gewonnen? Die Änderungsvorschläge machten mich ganz wirr und störrisch. In einer Stimmung zwischen Wut und Resignation legte ich die Geschichte schließlich in die Schubladen zu den übrigen Geschichten. Dort ist sie dann liegen geblieben. Es dauerte Jahre, bis die Lust zurückkehrte, neue Geschichten zu schreiben.

Ich erinnere mich an den kleinen Prinzen und seine Erfahrungen mit der Kunst und den Leuten. Er malte ein Bild mit einer Schlange, die einen Elefanten gefressen hatte, was aber niemand erkannte. Er solle sich lieber mehr mit Geographie, Geschichte, Rechnen und Grammatik beschäftigen, wurde ihm empfohlen, weshalb er bereits im Alter von sechs Jahren das Malen aufgab.

Ob die Sterne leuchten,
damit jeder eines Tages
den Seinen wiederfinden kann?

Liesel Willems

Zum Stern

Ein Kind führt mich
an kurzem Fuß
zum Halt.

Ich sehe,
dass der Abend dunkel wird,
dass ich es heben soll.

Es streckt mich
über seinen Kopf
zum Stern.

ICH WARTETE LANGE.
ICH FÜHLTE, DASS ER SICH MEHR
UND MEHR ERWÄRMTE.

Elke Oertgen-Twiehaus

Du da, Kleiner Prinz

2.9.

Dasda ist erst einige Zentimeter groß, aber es liegt wie eine Zentnerlast auf meiner Stimmung. Und dann die Kotzerei morgens vor der Schule!
Mama hat etwas mitbekommen. Heute morgen, als sie ins Geschäft gehen wollte, sah sie mich besorgt an. Schon vorgestern und gestern hat sie gemerkt, dass mir schlecht war. „Was ist los? Du bist doch nicht am Ende schwanger?"
„Doch, Mama, doch."
Sie hat tief Luft geholt und verwirrt den Kopf geschüttelt. Heute abend wollen wir mit Papa darüber sprechen.
Mama verkauft Nobles an handverlesene Kunden. Perlen und Ringe beispielsweise. Wenn ich daran denke, dass eine Perle in einer Auster heranwächst, nur weil ein Sandkorn hineingera-

ten ist! Fremdkörper die Perle. Die Auster muss sterben. Zum Teufel mit der Perle.
Dasda ist ein Fremkörper in mir.

9.9.

Mama und Papa waren ganz vernünftig. Nur ich habe geheult.

Keine Vorwürfe. Ich soll ein Jahr später das Abitur machen. Es sollen Lösungen gefunden werden. Es sollen... Es werden...
Die beiden müssen sich erst mit der neuen Lage abfinden. Beide sind noch nicht fünfzig und werden Großeltern. Schließlich: *so* alt sind sie eigentlich noch nicht.
Und dann wollten sie wissen, wer der Vater von Demda ist. Es war schwer, ihnen zu erklären, wer Micky war und wie alles gekommen ist. Schließlich ist es meine Angelegenheit. Micky? Student, Vetter von Bärbel, Nachhilfe in Mathe vor den Sommerferien, Freibadbesuche fast täglich. Irgendwann seine saublöde Frage: „Du bist achtzehn und noch Jungfrau? Nimmst du wenigstens die Pille?"
Was geht in den Köpfen mancher Leute vor? Als ob man diese Babyverhinderungspille prophylaktisch nimmt, einfach so und immerzu ohne Notwendigkeit! Wie Vitaminkapseln.
Ich verstehe heute nicht mehr, was ich eigentlich an Micky gefunden habe. Ich glaube, man nennt das Strohfeuer. Er wollte aufpassen, dass „nichts passiert". Es war scheußlich. Es hat nur wehgetan. Und dann dieser wippende Sportler über mir. Sein Keuchen.
Er hat nicht „aufgepasst" und dann ist Dasda passiert. Ich empfinde nur noch Widerwillen, wenn ich an ihn denke. Sein Mundgeruch. Seine schmutzigen Fingernägel. Habe ich das vorher gar nicht bemerkt?

14.9.

Ich muss darüber nachdenken, ob ich zu einer Beratung gehen soll. Sie werden fragen und fragen und reden und reden, bis sie mir Dasda eingeredet haben. Verantwortung. Christliches Gewissen. Und vom Papst und dass ich schwere Schuld auf mich lade. Jedenfalls stelle ich mir das so vor und ich habe Angst, überhaupt dorthin zu gehen. Warum wohne ich nur in so einer katholischen Gegend!
Und die Zeit drängt.

20.9.

Mama hat mit der Breisig telefoniert, und damit weiss man in der Schule bescheid.
Die Breisig hat heute nach der Deutschstunde mit mir gesprochen. Sie hat schon länger bemerkt, dass ich depremiert bin. Überhaupt bemerkt sie mehr, als man annimmt. Und als einem lieb ist.

Eine große Umstellung sei das für mich, meinte sie. Das. Sie hätte ruhig Dasda sagen können. Ich soll mit mir Geduld haben und versuchen, eine Chance darin zu sehen. Einmal werde ich das Kind lieben. Vielleicht nicht jetzt, aber irgendwann in der nächsten Zeit. Ganz sicher. Es sei eine kleine Kostbarkeit, auch wenn ich das heute noch nicht glauben kann.
Mir scheint, dass sie mich mehr versteht als meine Mutter.
Mama ist vor allem darauf bedacht, dass ich viele Vitamine zu mir nehme. Zusätzliche Rohkostsalate. Sie befiehlt mir Freude (An deiner Stelle...).

Übrigens wird Dasda ein Junge.

22.9.

Ich heule viel. Ich habe Albträume. Heute nacht zum Beispiel Berge von Miesmuscheln. Die unscheinbaren Schalen gehen ja noch. Aber aufgeklappt mit dem Inhalt! Widerwärtig. Im Traum bedrängend nah.

24.9.

Im Stadtpark sind die Kastanien reif. Stachelkugeln fallen herab, platzen auf und entlassen ihr schönes braunblankes Geheimnis. So ganz und gar füllen die makellosen Früchte ihr Gehäuse aus. Ich bücke mich, sammle die schönsten Kastanien auf und stecke sie in die Anoraktasche.

Die Breisig schenkte mir gestern vom heiligen Exupéry „Der kleine Prinz". Ich könnte es ruhig annehmen, denn es sei eine Doublette. Ich habe es früher einmal gelesen, dann verliehen und vergessen, an wen.

28.9.

Mit Bärbel im Stadtpark. Sie zeigte auf ein winziges Kind, das Gänseblümchen pflückte. Die letzten in diesem Jahr.
„Ist das nicht süß? Und bald hast du auch sowas Kleines. Du musst dich doch wahnsinnig freuen."
Sie gehen mir auf die Nerven. Alle fordern von mir, dass ich mich freue.
Gänseblümchen haben eben die richtige Größe für diese Winzlinge.

1.10.

Der Termin für die Beratung ist ungenutzt verstrichen. Ich werde mich damit abfinden müssen, dass Dasda im Frühjahr geboren wird. Ich glaube, ich bin Fatalistin. Mit und ohne Beratung.

4.10.

Unsichtbar sichtbar ist Dasda. Ich trage jetzt Jeans mit Gummizug und große Pullis. Mama wollte unbedingt mit mir Umstandskleidung kaufen gehen. Wir waren in einem Riesengeschäft, das nur Baby- und Kinderartikel verkauft. Außerdem Kleidung für trächtige Frauen. Riesenblusen mit Bärchendruck, Hängerchen mit Sonnemondundsternen.
Und in der Kinderabteilung Bärchen. Bärchen auf Lätzchen. Bärchen auf Babybettwäsche. Bärchen auf Wärmetellern. Mama fand alles süss und niedlich. Gerade die Bärchen.

Die Umstandskleidung habe ich ihr vorerst ausgeredet. Aber dann verfiel sie in einen Kaufrausch. Erstlingsjäckchen. Zwei Fläschchen mit Mäuschenmotiv. Ein Flaschenwärmer mit Bärchen. Strampelhöschen mit ganzen Mäuse- oder Bärenfamilien. Ganz süss! Ich soll mir vorstellen, wie niedlich der Kleine darin aussehen wird. Noch eine Rassel. Und hellblaue Häkelschühchen und was weiss ich noch. Und wie gut, dass wir auf dem Speicher noch deine Stofftiere haben. Einen ganzen Karton voll.

Mama ist nicht zu bremsen. Sie kauft und kauft. Ihre Begeisterung sinkt auch nicht, als sie an der Kasse dreihundertzwanzig Mark bezahlen muss. Soviel hatte sie gar nicht eingesteckt, aber sie hat ja eine Scheckkarte.

„Für unser Enkelchen!“, erklärt sie der Verkäuferin, die das gar nicht wissen will.

Süß. Alles soll ich süß finden. Mama ist enttäuscht, weil sie glaubte, jetzt käme Freude auf in mir, wenn ich erst die winzigen Sächelchen sähe. Diese putzige Purzelwelt!
Dasda wird am Ende noch, wenn er zur Welt kommmt, ein riesiger Teddybär, vor dem mir graut.

12.10.

Ich weiss, ich bin unleidlich. Mit allen bekomme ich Streit. Jede Kleinigkeit macht mich gereizt. Und dann Mama mit ihren Sprüchen.
„Als ich mit dir schwanger war, gerade in der Mitte der Zeit, fühlte ich mich so ausgeglichen und glücklich. Das strahlte aus. Papa kann es bestätigen.“
Ja, Papa bestätigt es und liest weiter in der Zeitung. Und wieder steht zum Abendessen ein Teller Rohkost extra mit einem Glas Milch an meinem Platz.
Ich soll vor allem an den Kleinen denken.
Übermorgen beginnen die Herbstferien. Ich fahre mit Bärbel und Petra ins Allgäu. Bärbels Eltern haben in der Nähe von Füssen ein Ferienhaus. Mal sehen, vielleicht freue ich mich wenigstens darauf.

15.10

Während der Bahnfahrt habe ich den „Kleinen Prinzen“ in einem durchgelesen und bin ganz begeistert. Ich will es gleich noch einmal lesen.

Bannwaldsee heissen die wenigen Häuser an dem gleichnamigen See. Das Ferienhaus ist so groß, dass jede von uns einen eigenen Schlafraum hat. Ich habe mich gleich nach dem Abendessen (zerkochte Spaghetti mit Ketchup und Cola) zurückgezogen, weil ich immer müde bin. Schlafen und spazierengehen, lieber allein als zu zweit oder zu dritt. Ich glaube, Bärbel nimmt es mir übel, dass ich mich so absondere. Sie ödeln und blödeln und langweilen sich. Warum sind wir überhaupt hierher gefahren? Nur weil das Ferienhaus leersteht?

Nach Schloss Neuschwanstein sind wir zu Fuß gegangen. Von fern wirkt das Schloss wie eine Geistererscheinung, und wenn man dort ist, stolpert man über Gruppen von Japanern im Fotografierfieber. Petra und ich waren hingerissen, nur Bärbel kennt es bis zum Überdruss, weil sie hier schon hundert Urlaube verbracht hat. Mit Eltern und Hund.

Heute nachmittag mit dem Bus nach Füssen. Während die beiden anderen bummeln wollten, habe ich mir als einzige Besucherin das Schloss von außen und innen angeschaut. Keine Japaner, keine sonstigen Touristen. Ein Kunstführer ist sehr praktisch: Im Kunstführer steht alles, was man sich anschauen soll, und ich gehorchte dem Buch, mit dem in der Hand ich durch Säle, lange Gänge und Ausstellungsräume schlenderte. Später traf ich im Städtchen B. und P., die getrocknete Kräutersträusschen gekauft hatten. Die Souvenirs hier sind mehr etwas für Omas. Statt Bärchen Edelweiß, Enzian und Kuhglocken auf allem.

Als wir zurückkamen, lag der verschilfte See schon im Abendnebel. Unheimlich sah er aus, eine Stimmung wie im „Erlkönig“ von Goethe, den die Breisig mit uns im vorigen Jahr besprochen hat. Wie heißt die Stelle noch? „Er hält ihn sicher. Er hält ihn warm." Oder so ähnlich. Die Weiden schienen auch hier so grau.

Bannwaldsee hat etwas mit Literatur zu tun. In einem dieser Häuser hat die „Gruppe 47" sich zum ersten Mal getroffen. Petra war gemein. „Das kannst du ja der Breisig erzählen. Die findet das sicher interessant. Und du bist ja ihr Liebling."

16.10.

Das Wetter ist ins Trübe umgeschlagen. Der See nebelhaft schon am Morgen. Von den Bergen nur die Sockel und dann durch die Wolkenschicht wie abgeschnitten. Grau in grau alles.
Grau auch die Umgebung von Schloss Hohenschwangau. Es ist kleiner und intimer als Neuschwanstein. Hier soll der traurige König als kleiner Prinz seine Ferien verbracht haben.

Wir hoffen auf besseres Wetter und wollen die drei Tage bis zum Ferienende ausharren. Meine Stimmung ist trübe. Das Wetter passt zu meiner Melancholie.

Selten an Dasda gedacht. Keine vitaminreiche Kost gegessen. Bärbel und Petra können nur Spaghetti kochen und ich kann nur Spiegeleier braten.
Abends spielen wir Scrabble.

17.10.

Die Welt hat sich bewegt, weil sich etwas in mir bewegt hat. Ich bin ganz aufgeregt, aber ich will mich zwingen und der Reihe nach aufschreiben, was geschehen ist.

Da war der einsame Spaziergang im Sprühregen, der mir Mantel und Schuhe ganz durchfeuchtet hatte. Der Wind zerrte das Laub von den Bäumen und zerrte an mir. Ein Hundewetter. Müde war ich, aber auch erleichtert, als ich an den See kam. Seine Erlkönigstimmung jetzt im Dunkeln. Mein Bedürfnis nach Alleinsein hatte sich in ein Gefühl von Verlassenheit verwandelt. Mir war zum Heulen zumute.

Da hat jemand an meine Bauchwand geklopft. Ist daran entlanggestreift. Ich habe es ganz deutlich gespürt. Und wieder Klopfzeichen.

Du da, kleiner Prinz! Ich halte dich fest, ich halte dich warm. Ich bin nicht allein, ich habe ja dich. Du darfst mich auch treten. Dann weiß ich, dass du da bist.
Du und ich! Wir wohnen ganz eng beisammen. Wir wärmen uns aneinander.
Mir wird ganz warm.

Wie ist mir warm, auch jetzt beim Schreiben.

Die Augen sind blind.
Man muss mit dem Herzen suchen.

Reinhardt Jung

… wenn du mich brauchst

Vertraue auf die Macht der Liebe!
Du wirst mich sehen können,
wenn du mit dem Herzen schaust.
Du wirst mich sprechen können,
wenn du mit dem Herzen sprichst.
Ich werde bei dir sein,
wenn du mich brauchst.

Es wird dir Schmerz bereiten. Es wird aussehen, als wäre ich tot.
Und das wird nicht wahr sein…
Du verstehst. Es ist zu weit.
Ich kann diesen Leib da nicht mitnehmen.
Er ist zu schwer.

Hans Joachim Nauschütz

Fortgehen

Großvater ist fortgegangen, sagte Mutter. Erst wollte ich ihr das nicht glauben. Aber als sie es wiederholte und mich an sich zog, wusste ich, Großvater war wirklich fortgegangen. Nie hatte er vom Sterben gesprochen, nie vom Niederlegen. Kissen auf die Ohren gedrückt, nichts hören mehr, nichts sehen, nur fort. So war er nicht, so dachte er nicht. Und er ist auch nicht einfach fortgegangen.

Die Trauerfeier fiel auf einen Freitag. Ich durfte die langen Hosen anziehen und die Jacke, deren Ärmel zu kurz wurden. Es kamen Nachbarn und Freunde Großvaters. Sie schritten durchs Friedhofstor. Sie sprachen lebhaft miteinander. Sie gingen gestikulierend auf den Wasserturm zu, der hart am Rande des Friedhofs sich erhebt. Er überragt die Landschaft. Es gibt eine Fotografie. Die zeigt Großvater und mich auf dem Turm. Wir schauen vom höchsten Punkt ins Tal bis an den Waldrand, der

schon Pommern ist, sagt Großvater. Der Friedhof interessiert uns nicht. Keines Blickes würdigen wir ihn. Er liegt unter uns. Und nun wurde Großvater dort begraben.
Ich schaute zum Turm hinauf, dessen Wetterfahne Großvater frisch vergoldet hatte damals. Sie blinkte und blitzte. Der Nordwestwind ruckelte und zuckelte an ihr herum.
So langsam wie ich nur konnte lief ich den Trauergästen nach. Ich schämte mich der Jacke mit den kurzen Ärmeln. Zur Konfirmation sollte ich einen richtigen Anzug bekommen, hatte Mutter versprochen. Sofort fiel mir ein, dass Großvater fehlen würde in der Kirche. Zur Firmung müßte ich wie alle vortreten bis dicht an den Altar. Mein Blick fiele auf die frisch getünchten Wände mit den Ornamenten, die Großvater vor einiger Zeit aus der Vergangenheit hervorgezaubert hatte.
Überall, wo ich hinschaute, begegnete ich Großvater. Selbst auf dem Friedhof, für den er vom Wasserturm aus keinen Blick gehabt hatte. Ja, auch auf dem Friedhof. Wegen der Familiengräber mit den gusseisernen Gittern drumrum. Die hatte Großvater gestrichen. Ihre Spitzen waren mit Goldbronze verziert.
Ich hatte ihm manchmal das Essen bringen müssen. Ich fuhr mit dem Fahrrad und dem alten Kochgeschirr durch die Feldstraße und schwups war ich am Friedhof. Dort stieg ich ab. Ich schob das Rad. Ich suchte Großvater. Er entrostete die Gitter der Einfriedungen und strich sie dann. Die Spitzen der Stäbe bronzierte er. Die waren wie Blätter ausgearbeitet. Hatte er Bronze darüber gelegt, leuchteten sie. Entdeckte ich ihn, ließ er Drahtbürste oder Pinsel sinken. Er verschloß die Farbtöpfe. Und wir suchten uns einen Platz abseits.
Ich löffelte die Suppe, die Mutter ins Kochgeschirr gefüllt hatte, mit ihm gemeinsam. Ich aus dem Deckel, er aus dem Geschirr. Wir hielten die heißen Aluminiumgefäße auf dem Schoß. Es duftete und wir machten uns nichts daraus, dass wir auf umfriedete Gräber schauten.

Nach dem Essen rauchte Großvater eine Zigarette. Er rauchte langsam und in tiefen Zügen. Dabei schaute er auf die Gräber. Zu jedem Namen fiel ihm etwas ein. Unsere Namen unterschieden sich von allen anderen auf dem Friedhof durch ihre Schreibweise und ihren Klang. Mir fiel nicht ein, mich über den Familiennamen unseres Pfarrers zu wundern, der Hurtienne hieß. Oder über den Namen Tavernier, auf dessen Grab wir schauten. „Oh, oh", sagte Großvater, „das war ein Dösbüdel wie er im Buche steht. Ich weiß nicht, wie er es angestellt hat, er konnte das Einmaleins nicht richtig. Aber in jeder Rechenarbeit war er eine Zensur besser als ich. Er saß neben mir, weißt du." – „Der Tavernier konnte kombinieren", setzte er hinzu. Das war ein merkwürdiger Satz. Warum hatte er nicht „abschreiben" gesagt? „Er schlief neben mir die meiste Zeit, später hat er Brücken gebaut", sagte Großvater. Er deutete auf den Grabhügel und starrte ihn lange an. Als könnte Tavernier aus dem Grab steigen und Beleg sein für Großvaters Behauptungen. „Und der dort, Wilhelm Sojeaux ", erzählte Großvater und wies auf eine andere Einfriedung, „der dort ging mit mir nach Berlin. Das war kurz nach dem ersten Krieg. Ich an die Kunstgewerbeschule, er an eine Technische Schule." Er lachte kurz auf. „Ich muss", sagte er dann und stand auf. Ich nahm das Kochgeschirr, hängte es ans Fahrrad.
So ging das jeden Tag in den Ferienwochen. Und jeden Tag brachte ich ein Wort mit, das mir nicht so schnell aus dem Kopf ging. Dösbüdel, kombinieren, Technische Schule. Ich lauerte, dass Großvater noch einmal eines der Worte in den Mund nahm. Ich musste geduldig sein, durfte ihn nicht drängen. Fragte ich, schwieg er. Er sprach nur unaufgefordert.

„In den frühen zwanziger Jahren", erzählte Großvater andern Tags, „da trugen wir Spazierstöcke und Hüte aus Stroh. Man nannte sie Kreissägen." – „Kreissägen?" lachte ich ihm zweifelnd in die Rede. „Kreissägen“, bestätigte er. „Es waren runde Hüte mit starrem Rand. Wir setzten sie schief auf. Dazu trugen wir Schuhe mit weißen Gamaschen. Das kennst du nicht, was Gamaschen sind. Man sieht das manchmal in alten Filmen. Das war ein Schuhschutz. Wir waren sehr stolz auf die Gamaschen. Und so flanierten wir durch die Straßen: Spazierstock, Kreissäge, Schuhe mit Gamaschen. Das war eine Zeit, da gab es die ersten Rolltreppen in Berlin. Am Bahnhof Alexanderplatz zum Beispiel. Die rollten wir hoch und runter. Das sah gut aus wie wir stocksteif, Kreissäge auf dem Kopf, da hoch und runter fuhren. Wir stützten uns auf unsere Spazierstöcke. Wir gaben an wie eine Lore Affen.“

Ich versuchte mir Großvater vorzustellen. Aber es gelang mir nicht. Ich hakelte mich an der Lore Affen fest. Das war wohl ein Berliner Satz, den Großvater mitgebracht hatte. Er hatte ihn noch nie benutzt.

„An so einem Tag“, erzählte Großvater weiter, „kam Sojeaux‘ Spazierstock auf unerklärliche Weise in die Mechanik der Rolltreppe und stoppte sie. Sie Landei!, rief jemand Sojeaux zu. Und ich schämte mich furchtbar, wollten wir doch Großstädter sein, elegant und mit allen Wassern gewaschen. Mir war das peinlich. Der Vorfall hat mich lange beschäftigt. Ich habe versucht, ihn zu zeichnen. Aber mein Lehrer korrigierte dauernd auf meiner Zeichnung herum, nörgelte stumm. Ich habe das nicht gepackt und ließ es dann. Mein Lehrer hieß Zille, und ich war keiner seiner Meisterschüler.“

In Berlin hat Großvater das Vergolden gelernt. Figürliche Darstellungen gibt es nicht durch ihn. Ich habe nur Blumenstillleben geerbt. Gartenblumen, Feldblumensträuße, alle in leuchtenden Aquarellfarben. Nach der Natur gemalt. Er ging in die Gewächshäuser der Gärtnerei Cortois und skizzierte mit Ölkreide, mit Pastellfarben. Und er strich Grabeinfriedungen. Er hat manche Kirchenmalerei restauriert in der Umgebung. Später aber, als er auf kein Gerüst mehr steigen konnte, arbeitete er auf dem Friedhof. Das hätte er nicht gemusst. Blumen malte er auch nicht mehr. Er entrostete Gitter und strich sie. So habe ich ihn in Erinnerung. Ich bringe ihm das Mittagessen und warte geduldig, bis ihm seine Freunde erscheinen.

Eines Tages erschien ihm Cortois. Anlass war ein Doppeldecker, ein russisches Flugzeug. Es trug einen roten Stern am Leitwerk. Es tuckerte langsam über den blauen Himmel, der den Friedhof schirmte. Wir saßen und löffelten Mutters Suppe. Gleichzeitig schauten wir in den Himmel. „Man glaubt es nicht“, sagte Großvater und wies mit dem Löffel auf das kleine Flugzeug, „es fliegt langsam. Man möchte meinen, es könnte sich nicht halten.“

Darüber hatte ich noch nie nachgedacht.

„Wir sind mit Papierflügeln von Strohmieten gesprungen“, sagte Großvater unverhofft. „Wann?“, fragte ich perplex.

Großvater hatte eine Fußangel ausgelegt und ich musste ihr Zuschnappen ausprobieren.

„Das russische Flugzeug erinnert mich daran. Die ersten Flugzeuge sahen ja ähnlich aus. Unvorstellbar, dass man mit ihnen fliegen konnte. Aber sie flogen lange vor dem ersten Krieg. Da gab es irgendwann, ich wurde gerade geboren, den Lilienthal dort im Pommerschen bei Anklam, der hatte so einen Gleiter konstruiert. Cortois hat den nachgebaut, jedenfalls, wie er sich das vorstellte. Mit Kleister haben wir das schwache Papier verklebt. Wir waren vielleicht zwölf Jahre alt. Wir schleppten das Monstrum in Teilen über die Felder. Kurz vor Daberkow hatten wir eine riesige Strohmiete ausfindig gemacht. Von der sprang ich als erster.“

„Und dann?“, fragte ich.

„Und dann, und dann…“ Großvater griente. „Ich bin unten angekommen und hatte kaputte Knie… Aber nicht wie ein Stein. Cortois sagte, ich sei ein paar Meter geglitten. Wir sind dann

noch mal gesprungen. Vier oder fünf Tage zeichneten wir, schnitten und klebten. Unser Monstrum überlebte aber immer nur einen Sprung."
„Einen Versuch war es wert", fügte er leise hinzu. Und gegen seine Gewohnheit zündete er sich eine zweite Zigarette an, paffte sie genießerisch. Ich lehnte mich zurück auf der ausladenden Friedhofsbank und stellte mir meinen Großvater vor, wie er sich von einer Strohmiete abstößt und langsam zur Erde gleitet.
Das hatte ich ihm nicht zugetraut.

Dein Großvater ist fortgegangen, hat meine Mutter gesagt. Ich sehe ihn mit der Drahtbürste in der Hand, wie er die Gitter entrostet. Das von Tavernier, von Sojeaux und Cortois. Die Namen stammen allesamt aus der Champagne, unserer aber aus Burgund. Woher weißt du das, frage ich ihn. Ich weiß es eben, antwortet er, für dich wird es Zeit, es zu wissen. Was vor zweihundertfünfzig Jahren war.
Später sehe ich mich in seine Werkstatt gehen. Ich kontrolliere, ob alle Pinsel ihr Bad haben, dass sie nicht trocknen, die Farbtöpfe geschlossen sind, das Handwerkzeug parat liegt. Ich blättere in den alten Skizzenblöcken. Darin hat er die Deckenbemalung der Kirchen aufgehoben und Farbskizzen hinzugefügt. Es sieht aus, als liege alles parat für den nächsten Tag.

Pfarrer Hurtienne sagte auch am Grab ein paar Worte. Er sprach von der Nähe des Todes. Ich aber sah in den Himmel, der so blau war wie er in meiner Erinnerung jeden Sommer blau gewesen ist, ein blager Häwen eben, wie wir so reden. Da sah ich Großvater an einem Punkt am Horizont hocken und warten. Ich erblickte eine Rolltreppe, einen Strohhut, eine Strohmiete und endlich vier Jungen, die auf uns herab schauten. Aber nur kurz. Dann waren sie mit ihrem Spiel beschäftigt: Sie fuhren die Rolltreppe hinauf und schwebten mit Papierflügeln wieder zum Fuß der Treppe hinunter. In den Händen hielten sie Spazierstöcke, deren Silberknäufe aufblitzten. Mit den Stöcken steuerten sie mühelos ihr Schweben.

Ich war der einzige, der in den Himmel schaute. Alle anderen schauten ins Grab.

Ich bin viel mit Erwachsenen umgegangen und habe Gelegenheit gehabt, sie ganz aus der Nähe zu betrachten. Das hat meiner Meinung über sie nicht besonders gut getan.

Anne Steinwart

Du Kind du

Die Großen
MEINEN ES GUT MIT DIR
Glaub ihnen
aber glaub ihnen nicht
ohne weiteres
Frag sie
nach ihren Wegen
nach ihren Zielen

SIE KENNEN DAS LEBEN
BESSER ALS DU
Glaub ihnen
aber glaub ihnen nicht
ohne weiteres
Frag sie
nach ihren Schmerzen
nach ihren Träumen

Hüte dich Kind
vor den Großen
Vertrau ihnen
aber vertrau nicht
zu sehr
nicht zu sehr

WENN DAS GEHEIMNIS ZU EINDRUCKSVOLL IST,
WAGT MAN NICHT ZU WIDERSTEHEN.

Renate Schoof

Was heißt vergänglich

An dem Abend, an dem der kleine Prinz über meine Schwelle tritt, bin ich fünfzehn oder sechzehn. Meine Mutter hat mir das Wohnzimmer überlassen, damit ich an diesem hellen Sommerabend einen Gast empfangen kann: Karin, die sich Tinka nennt. Auf dem Tisch stehen in einer Vase Klatschmohnblüten. Gartenmohn, riesengroß.

Überall Blumen. Die glänzend gelben Nachtkerzenblüten vor dem Fenster öffnen sich bei Sonnenuntergang mit einem unhörbar leisen Knall, entfalten vier Blütenblätter wie im Zeitraffer, um dann eine Nacht zu leuchten und am nächsten Vormittag zu verblühen, ganz ohne Dramatik, denn ihnen sind Blüten tiefer am Stengel vorangegangen im Er- und Verblühen, ihnen folgen neue zitronen-orange-gelbe Herzsterne, vier rundum, Etage für Etage, wochenlang.

Anders beim Mohn, dessen zarte Blütenblätter schon von einem Windhauch gefährdet sind. Ihr Auseinanderfallen an je-

nem Abend, an dem so etwas wie eine Freundschaft begann, erschien mir, und wohl auch der fünf Jahre Älteren, als etwas ganz Besonderes, Exklusives, unserer Annäherung aneinander angemessen.
Neben den roten Blüten mit dem schwarzen sinnlichen Innenleben lag – geradezu unschuldig – ein Taschenbuch mit einem schmalen blonden Kind auf einem runden Stern: Der Kleine Prinz. Den Prinzen Jussuf kannte ich damals noch nicht, aber in ihrer Exzentrik ähnelte Tinka – sie schrieb den Namen mit einem Stern über dem i – der Prinz gewordenen Dichterin.
Gewiss liest sie mir an diesem ersten Abend die Geschichte mit dem Fuchs und den Weizenfeldern vor, vielleicht auch die von der Rose und die vom Laternenanzünder; und als es dunkel wird, krame ich bei Kerzenschein selbstgeschriebene Gedichte hervor. Lebenstraum / Funke im Weltenraum / und bist du noch so klein / willst du doch glücklich sein.
Was wir getrunken haben, weiß ich nicht mehr. Auch die Wörter haben sich aufgelöst über die vielen Jahre. Aber sehen kann ich uns noch genau, wie wir in Sesseln, grau, altrosa und grün, in dieser Stube sitzen, die es nicht mehr gibt. Ich höre auch den Tonfall mit dem Tinka spricht, in ewigem Erstaunen, wie aus einem Tal ans Licht heraufkommend.
Manchmal frage ich mich, wo wir den Tonfall eines Menschen in uns speichern. Vielleicht im inneren Wasser? Wo klingt Musik tagelang, oft jahrelang in uns fort? Und wo erinnern wir Bilder? Im inneren Feuer? In der Wärme unseres Blutes? Warum sehe ich jetzt, dreißig Jahre später, noch alles so deutlich vor mir?
Als meine Großmutter starb, drückte Karin meiner Mutter bei einer zufälligen Begegnung ihre Teilnahme aus – und lächelte dabei so seltsam. Meine Mutter fühlte sich merkwürdig berührt – Tinka aber dachte gewiss nur an die Geschichte mit der Schlange, die mit einem winzigen Stich solch weite Reisen ermöglicht.

Ob sich Wassermannfrauen weniger vor dem Tod fürchten, weil sie eine Sehnsucht nach den Sternen – nach dem Himmel – in sich tragen?
Jahrelang verloren wir uns aus den Augen, dann trafen wir uns in einer fremden Stadt wieder. Zweiundzwanzig war ich inzwischen und meinte, nun hätten sich meine Hauptwünsche auf Erden erfüllt: Ich hatte einen erträglichen Beruf, einen außergewöhnlichen Geliebten und schrieb Gedichte.
„Nun kommen ganz neue Wünsche", versprach mir ernsthaft ein Kunststudent, den ich bei ihr kennenlernte. Übermütig fügte er hinzu: „Und ihre Erfüllung!" Tatsächlich begegnete ich wenig später meiner ganz großen Liebe.
Warum Kai, wie sie sich inzwischen nannte, und ich uns jahrelang in einem ganz eigenen Idiom ähnlich einer Kindersprache unterhalten haben, wage ich kaum zu analysieren. Müssen wir wissen, was der Schuh, was der Fuß, was die Asche im Märchen bedeuten oder die sieben Berge und der gläserne Sarg?
Wie von verschiedenen Strömungen getragen, trieb es uns weit auseinander. „Hoho", sagen die Wassermannfrauen. „Freundschaften sind wie Schwimmenkönnen. Man sieht sich zwanzig Jahre nicht und es funktioniert immer noch."
In einem neuen Leben, sieben Zwiebelschalen entfernt von Klatschmohn und jenen Lebensabschnittsgefährten, sitze ich im Haus meiner längst verstorbenen Großeltern mitten im Wald. Unerwarteter Frühlingsregen, Schafskälte und nasses Gras rund ums Haus halten mich in der Einsiedelei gefangen. Nach innen gehend finde ich ein wunderschönes Buch, interpretiert, kommentiert und analysiert von Eugen Drewermann: Der Kleine Prinz.
Bis lange nach Mitternacht lese ich über das schwierige Verhältnis, das Antoine mit seiner Mutter verband, werfe neue Blicke auf die hüstelnde Rose und ihre Windempfindlichkeit. Ich gehöre zu denen, die wissen wollen, warum Schneewittchen

im gläsernen Sarg landet und was die sieben Berge bedeuten, die Schuhe, die Füße, die Asche und all diese Äpfel, die quer durch Märchen und Mythen rollen.
Voller Begeisterung schreibe ich Karin nach Ewigkeiten wieder einen Brief: „Weißt du schon?! … Antoine de Saint-Exupéry … dein Kleiner Prinz …“ Drei Seiten lang.

Sie hat nie darauf geantwortet. Unsere gegenseitigen Briefe und kleinen Geschenke landen – so scheint es mir – wie verschlagene Federbälle im Nirgendwo. Wir meinen es irgendwie gut miteinander, doch wir brauchen uns nicht (mehr) – wir haben uns niemals gezähmt – was für ein Wort! Welche Wassermannfrau würde sich freiwillig…
Niemals! Vielleicht haben wir uns nicht einmal vertraut gemacht miteinander. Sicher, wir kennen uns von früher und wir erkennen unsere Stimmen am Telefon ohne den Namen nennen zu müssen – und sind doch sternenweit voneinander entfernt.
Sogar den Garten, den sie einmal besaß, habe ich mir ganz anders vorgestellt, als er in Wirklichkeit war. Etwas in Richtung Streuobstwiese, Apfelbäume mit Misteln in den Kronen, hohes Gras, wild und gemütlich. Ein paar wackelige Biergartenstühle, lange nicht gestrichenes Holz und Metall, Hängematte, freilaufende Hühner, Kaninchen in großväterlichen Nachkriegsställen.
Als sie dann ein Foto schickte, mit Rosensträuchern und edlen englischen Gewächsen um einen ganz normalen Rasen gruppiert, hätte ich schwören können, dass dies nicht ihr Garten sei. Aber schließlich hat sie das Bild selber fotografiert.
Verantwortung füreinander sollen Menschen übernehmen, schlägt Antoine de Saint-Exupéry vor. Als ich das las, habe ich sein Geburtsdatum nachgeschlagen: Lyon 29.6.1900. Also Krebs. Seine Krebssonne steht im elften Haus, wie die von Käthe Kollwitz. Danach kommt Kafka, noch weiter fort, im zwölften Haus.

Ob Antoine einer war, der Verantwortung übernehmen konnte, übernommen hat, auch für Freundinnen und Freunde, der Nähe aushielt, zähmte, sich vertraut machte, Verabredungen einhielt? Vielleicht steht es in dem Drewermann-Buch. Ich habe es vergessen.

Es gibt Menschen, die eine große Ration Alleinsein brauchen, um in der Wüste kleine Prinzen zu treffen. Menschen, die andere mit Worten verzaubern und deren Spur sich zwischen den Sternen verliert.

Wer hätte nicht gern so eine zärtliche Schlange zur Freundin, die einem die Reise zurück ermöglicht, wenn Menschen Menschen das Leben zur Hölle machen.

Terre des hommes. Die Erde der Menschen. Wir kommen immer wieder von unseren Planeten, voller gutem Willen und Liebe. Mich stört es nicht, um die schwierige Beziehung vom Sohn zur Mutter zu wissen – und dass es bei Äpfeln und Rosen ums Ganze geht. Schließlich gibt es sogar für die Geschichte von Kain und Abel eine mich tief befriedigende Deutung. An manchen Dramen wachsen wir, da kommen wir nicht drum herum. Mit gutem Willen und Liebe ist es längst nicht immer getan.

Wenn aus allen besonderen Beziehungen von Söhnen zu Müttern Märchen wie „Emil und die Detektive“ und „Der kleine Prinz“ entstehen, dürfen wir Mütter ermutigen, schwierig zu sein, natürlich nicht extra, nur so schwierig, wie sie von Natur aus eben sind.

Karin und ich wurden nicht Mütter, weil Kinder auf den Flügeln sitzen – jedenfalls viel zu oft – und wir nichts so dringend brauchen wie unsere Flügel.

Während ich diese Geschichte schreibe, mit Bleistift in eine Kladde, im Zug von West nach Nord, zum Meer, immer zum Meer, allein im Abteil ganz ungestört, steigt ein älterer Mann

ein. Zuerst schläft er ein bisschen, dann liest er, und plötzlich sind wir mitten in einem Gespräch über Gott und die Welt.
Weil ich von einer sinnlichen Weihnachtspredigt berichte, in der uns der Pfarrer durch seine Worte einen lebendigen, leise atmenden Säugling, das Christkind, in den Arm legte, kann er seine Geschichte erzählen. Wie ihm die Schwiegertochter das Enkelchen aus dem Arm genommen hat, wohl aus Angst, er würde es fallen lassen; dabei sieht er noch jung und rüstig aus. „Nein", sagt er. „Nein, nein. Sie ist so."
Sie hat ihm seinen kleinen Nachkömmling nicht gegönnt, einfach weggenommen. Es ist ja ihr Kind. Und seine Frau hat ihn nicht unterstützt, hat die Situation nicht für ihn gerettet. Er ist dann in die Küche gegangen und ich bin sicher, er hat geweint. Überhaupt scheint dieses Leben nicht seins gewesen zu sein. Das weiß er selber. Deshalb reist er so viel. Als er aussteigt, verabschieden wir uns wie Menschen, die sich lange kennen.
Ein paar Stationen später steigt ein Schuljunge zu, ein wenig aufgeregt, weil er umsteigen muss, dort wo ich ankomme. Vertrauensvoll setzt er sich in meine Nähe, erzählt unbefangen seltsame Geschichten und bietet mir die abenteuerlichsten Kreationen der Süßwarenindustrie an. Da weiß ich, wer als blinder Passagier schon die ganze Zeit über mitreist.

Ich schloss ihn fest in die Arme wie ein kleines Kind, und doch schien es mir, als stürzte er senkrecht in einen Abgrund, ohne dass ich imstande war, ihn zurückzuhalten.

Eugen Drewermann

Von Liebe und Tod

Das Gespräch mit dem „Fuchs" hat dem „Kleinen Prinzen" am Ende doch eine entscheidend neue Erkenntnis vermittelt: „Ich bin für meine Rose verantwortlich." Alles, was Exupéry in der gesamten Palette religiöser Symbolsprache über die Liebe, das Leben und den Tod zu sagen hat, gipfelt in diesem einen Punkt: dass der Sinn der Dinge nicht in ihnen selbst, sondern in ihrer Verknüpfung liegt, und dass diese „Verknüpfung" sich erschließt durch den Austausch wechselseitiger Beziehung und Verantwortung. Für den „Kleinen Prinzen" aber bedeutet dies, von der Welt Abschied nehmen zu müssen und zu seiner Rose zurückzukehren, die er unter so vielen Schuldgefühlen verlassen hatte, und diese Rückkehr bedeutet für ihn den Tod. Die Zeit ist da. Das Maß seines irdischen Aufenthalts hat sich erfüllt.

Was geschieht, wenn ein Mensch, den wir liebhaben, stirbt? Wir werden diesen Vorgang niemals wirklich begreifen, durch den die innigsten Bande der Freundschaft jäh und unwiderruflich durchschnitten werden können – vor den eigenen Augen sinkt ein Mensch in sich zusammen, den wir auf Händen hätten durchs Leben tragen mögen; mitten im Gespräch erstirbt sein Wort auf den Lippen, Starre und Kälte treten an die Stelle der anmutigsten Schönheit und des seelenvollsten Ausdrucks. Medizinisch erklärbar, entzieht sich der Tod menschlich jedem Verständnis; allenfalls lassen sich einige Bedingungen formulieren, unter denen der Tod als Teil des Lebens akzeptabel scheint, und es sind dies offenbar die gleichen Voraussetzungen, unter denen das Leben selber menschlich seinen Sinn erhält. Ja, recht besehen, ist der Tod wie ein Schlussstein, wie eine Zusammenfassung all der Regeln, nach denen mitten im Leben die Liebe sich entfaltet.

Man könnte, etwa nach buddhistischer Lehre, geneigt sein, der Liebe abzuschwören, um der Trauer der Vergänglichkeit zuvorzukommen. Wer nichts liebhat, den wird kein Leid ereilen angesichts des Todes. Eine solche Lehre klingt weise, aber sie beraubt das Leben seines Sinns, seines Gefüges, seines Zusammenhaltes. Wohl gehört zur Liebe auch die Traurigkeit irdischen Abschieds, und doch ist sie es allein, die eine Antwort auf das Rätsel des Sterbens zu geben vermag.

Als erstes nämlich vermittelt die Liebe eine Antwort auf den Tod bereits durch die Erfahrung von dem sonderbaren Zeremoniell der Zeit, dem alles unterworfen ist und das einen eigentümlichen Gehorsam verlangt. Es geschieht genau nach Ablauf eines Jahres, dass der „Kleine Prinz“ sich auf den Tod vorbereitet. Der Zyklus der Zeit ist unerbittlich; er fordert, dass die jeweiligen Ereignisse sich einstellen, wenn der Augenblick dafür reif ist, und wie der Zeitpunkt des Sonnenuntergangs feststeht, so auch der Moment des Todes. Es kommt daher nicht darauf an, dem Tod zu entfliehen, sondern den Zeitpunkt zu kennen, da der Tod wartet, und ihm trotz aller Angst gehorsam entgegenzugehen. Erst so verliert der Tod seinen kreatürlichen Schrecken. Die Schlange, deren Gift tötet, ist in gewissen Weise auch ein naturhaftes Symbol der Erneuerung und des Neuanfangs – ein Kreis, der sich schließt zwischen Anfang und Ende; und nur im Gedanken an diesen Kreislauf der Zeit fügt die Vergänglichkeit jedes Einzelnen sich in den Sinn und den Ablauf des Ganzen ein. Der Zyklus der Natur kennt den Tod nicht – er wechselt nur die Träger und Akteure aus, die an den einzelnen Knotenpunkten des Zeitkreises stehen.

Der Sinn des menschlichen Lebens bestimmt sich innerhalb eines solchen Rituals der Zeit in etwa so, wie es die mittelamerikanischen Mayas sahen, wenn sie sich jeden einzelnen Tag als eine Gottheit vorstellten, die des Morgens eine bestimmte Last auf ihre Schultern nimmt, um sie durch den Tag zu tragen und am Abend niederzulegen, ehe eine andere Gottheit sie des morgigen Tags wieder aufnimmt. Der Tod des Einzelnen wird auf diese Weise zu einer Art Speiche im Rad, zu einem von vielen Punkten, die den Ablauf des Ganzen in Bewegung halten und ermöglichen.

Im Zeremoniell der Zeit empfängt der Tod mithin eine erste Ahnung von Sinn. „Was aber dem Leben Sinn verleiht“, meint Exupéry in „Wind, Sand und Sterne“, „gibt auch dem Tod Sinn. Es ist leicht zu sterben, wenn es in der Ordnung der Dinge liegt. Es ist nicht so schwer für den Bauern aus der Provence, wenn er am Ende seines Waltens seinen Besitz an Ziegen und Ölbäumen seinen Söhnen übergibt, damit diese ihn einst den Kindern ihrer Kinder weiterreichen. In der Bauernsippe stirbt man niemals ganz. Jedes Leben zerspringt wie eine Schote, die ihre Körner abgibt.“ – „Dem Bauernhof ist der Tod fremd. La mère est morte, vive la mère.“

Der Tod verliert in dieser Betrachtung den Schrecken einer sinnlosen Zumutung, wenn er von innen her mitvollzogen wird im

Dienst an einem größeren zugehörigen Ganzen. So stirbt auch der „Kleine Prinz" eigentlich nicht – er geht nur heim zu seiner „Rose", und er fügt sich in den Augenblick des Todes ein, da die Zeit seiner Heimkehr gekommen ist.
Gleichwohl bleibt die Traurigkeit um das Verlorene zurück – allen Liebenden erscheint der Tod wie ein Zerstörer der Freude, wie ein Dieb, der das Lachen von den Lippen stiehlt, wie der Engel mit dem Flammenschwert am Ende des Paradieses, am Anfang der Verbannung. Auch wenn der Sterbende selbst sich in das Unvermeidbare fügen mag, so bedeutet der Tod für alle, die den Geliebten bis zur „Mauer" begleiten, um ihn womöglich doch noch gegen das Gift der „Schlange" zu schützen, eine äußerste Enttäuschung, eine zynische Beleidigung ihres Gefühls, eine rohe und sinnwidrige Gewalttat. Gerade die Liebe lehnt sich auf gegen den Tod, sie will ihn nicht hinnehmen, sie versucht, den anderen zu umarmen und vor dem Tod zu verbergen, als wollte sie mit der eigenen Seele, mit dem eigenen Körper einen Zaubermantel um den Geliebten legen, der ihn den Blicken der „Schlange" zu entziehen vermöchte. Gemessen am irdischen Schicksal, muss dieser Versuch stets vergeblich bleiben.
Und doch ist es gerade die Liebe, die mit dem Tod auch zu versöhnen weiß. Allein die Liebe weiß in jedem Augenblick, dass der Körper nur die äußere Hülle, die Schale und das Gefäß eines größeren Lebens ist. Sie, die in jedem Augenblick die Gebärden des Körpers als möglichen Ausdruck der Seele betrachtet – die in allen Dingen und „Tatsachen" die Innenseite seelischer Bedeutung zu erahnen sucht –, die alle Gegenstände ringsum in Symbole des Geistes zu verwandeln vermag –, sie vermag auch den Tod, statt gegen ihn zu protestieren, letztlich als das Symbol einer endgültigen Vergeistigung zu betrachten. Im Sinne Exupérys ermöglicht es der Tod, die Liebe gewissermaßen von ihrem ersten Erscheinungsort zu lösen und sie als Hinter-

grund der Welt fortan in allen Dingen zu erfahren, indem man sie vernimmt wie einen geheimnisvollen Klang der Sphären, wie eine unhörbare Musik, die künftig in der Sprache der Sehnsucht weiterredet. Man wird den Stern des „Kleinen Prinzen“ mit den irdischen Augen nicht erkennen, er ist nur ein Staubkorn im All; aber gerade deshalb wird sein Licht sich verteilen auf alles, was in den Nächten der Traurigkeit leuchtet und Antwort gibt, und gerade weil man ihn als Gegenüber der Liebe nicht mehr sehen noch hören kann, wird sein Lachen nachhallen in den feinen Saiten des Herzens, die sich ausspannen zwischen Trauer und Sehnsucht. Geändert hat sich die Farbe des Kornfeldes, seit sie an das goldene Haar des „Kleinen Prinzen“ erinnert, verwandelt hat sich der Geschmack des Wassers, seit man mit ihm inmitten der Wüste sich auf den Weg machte zum Brunnen, und heller glänzen die einsamen Nächte am Fenster, seit man sie teilt mit der Erinnerung eines fernen Glücks.

(aus: Eugen Drewermann: Das Eigentliche ist unsichtbar; Herder/Spektrum Bd 4068. Herder Verlag, Freiburg, 12. Aufl. 1998)

Hilka Koch

Großer Wagen

der große Wagen
ungesehen
über den Himmel
gerollt

vom Norden nach Süden
vom Süden zum Nord

hinter Wolken
Verlorene
finden

über blauen Häusern
geträumt
wo Menschen wachen
wandern und sehnen

vom Süden nach Norden
vom Norden zum Süd

doch
im Kreuz des Südens
kein Wagen
nach Nord

Ich bin viel mit Erwachsenen umgegangen und habe Gelegenheit gehabt, sie aus der Nähe zu betrachten. Das hat meiner Meinung über sie nicht besonders gut getan.

Reinhardt Jung
Reifezeugnis

Ich wollte Nähe
und bekam die Flasche
Ich wollte Eltern
und bekam Spielzeug
Ich wollte reden
und bekam ein Buch
Ich wollte lernen
und bekam Zeugnisse
Ich wollte denken
und bekam Wissen
Ich wollte einen Überblick
und bekam einen Einblick
Ich wollte frei sein
und bekam Disziplin

Ich wollte Liebe
und bekam Moral
Ich wollte einen Beruf
und bekam einen Job
Ich wollte Glück
und bekam Geld
Ich wollte Freiheit
und bekam ein Auto
Ich wollte einen Sinn
und bekam eine Karriere
Ich wollte Hoffnung
und bekam Angst
Ich wollte ändern
und erhielt Mitleid
Ich wollte leben …

Kristina Dunker

Am Bahnsteig

Nur Zeit für einen Gedanken. Ich stehe auf dem Bahnsteig, habe Termine, bin müde und in Eile. Im Kopf kein Platz für kleine Prinzen. Die sind hier auch nicht zu sehen. Nur Geschäftsleute, die auf den Intercity warten. Ich esse im Stehen, picke Pommes Frites mit der Plastikgabel auf. Eine Taube hüpft heran, pickt auch, sucht den Bahnsteig nach Essbarem ab. Eine andere sitzt auf den Gleisen. Die pickt nicht mehr, lässt die Flügel hängen und hat die Augen geschlossen. Der ersten Taube lasse ich ein Stück Pommes auf den Boden fallen, kicke es mit der Fußspitze in ihre Richtung. Sofort dröhnt eine Stimme aus dem Lautsprecher: „Auf Gleis Acht bitte nicht die Tauben füttern!" Ja, sie haben schon recht. Die vielen Krankheiten, die diese Tiere übertragen. Überall der Taubenkot. Ätzend, wie sich der weiße Flecken in den Beton frißt. Eine echte Großstadtplage. Und das tägliche Gurren kann einen wahnsinnig machen. Die Taube humpelt um mich herum. Verkrüppelte Füße, verquollene Augen. Ein gefiederter Penner. Jemand geht vorbei und rotzt auf den Boden. Die Taube denkt, es wäre etwas zu Fressen, und hinkt hin, der junge Mann neben mir lacht, rotzt ebenfalls, die Taube kommt und guckt, Spucketest, zu komisch. Wieder die Stimme aus dem Lautsprecher: „Unterlassen Sie bitte das Taubenfüttern. Zuwiderhandlungen werden bestraft." Die können mich doch mal, denke ich. „Der Zug soll lieber kommen", schimpft eine Geschäftsfrau. „Eine Viertelstunde ist der zu spät!" Ich schweige. Endlich kommt die Bahn. Von weitem sehe ich die Lichter, leuchtende Augen. Zwischen den Gleisen hockt die andere Taube noch immer. „Hau ab!", zische ich ihr zu. Sie hört nicht. Sie wird nicht mehr fliegen. Nicht mehr auf verschissenen Betonpfeilern sitzen. Nicht mehr auf Spucketests reinfallen. Nicht mehr nach Giftkörnern picken, die die Flügel schwer machen und die Eingeweide auffressen. Nein, sie wird nicht mehr fliegen. Sie wird einfach sitzen bleiben. Als ich in den Zug einsteige, fällt mir wieder der Kleine Prinz ein. „Man sieht nur mit dem Herzen gut", heißt es da. Und das Herz wird blind bleiben, wenn man kein Auge für die Tiere auf der Straße hat.

„Wenn ich dreiundfünfzig Minuten übrig hätte“, sagte der kleine Prinz, „würde ich ganz gemächlich zu einem Brunnen laufen...“

Käthe Recheis

Sich Zeit nehmen

„Wenn ich dreiundfünfzig Minuten
übrig hätte,
würde ich ganz gemächlich
zu einem Brunnen laufen“,
sagte der Kleine Prinz
zum Händler,
der mit durststillenden
zeitersparenden Pillen handelte.

Kleiner Prinz,
was würdest du heute sagen
zu all den Dingen –
Computer und Internet
und was es so gibt –
die uns Zeit ersparen
und sie uns nehmen,
so dass wir immer
weniger Zeit haben?

Es ist lange her,
Kleiner Prinz,
seit ich deine Geschichte
zum erstenmal las
und sie wieder
und wieder las …
Lang ist es her.

Aber noch immer
Nehme ich mir Zeit,
trotz Computer
und Internet
und e-mail
und was es so alles gibt,
ganz gemächlich
zu einem Brunnen zu gehen …

Ich liebe Sonnenuntergänge sehr.
Komm, lass uns einen
Sonnenuntergang anschauen…

Hans-Martin Große-Oetringhaus

Technische Revolution

So ein Ding kommt mir nicht auf den Schreibtisch! Nicht immer bin ich mir so sicher, wie ich es in dieser Angelegenheit war. Aber da gab es wirklich keinen Zweifel: Ich wollte so ein Ding nicht. *So ein Ding*, das war ein Computer. Seinen Siegeszug auf die Schreibtische zahlreicher schreibender Mitmenschen hatte längst begonnen. Nicht, dass ich in missionarischer Absicht ein Bollwerk gegen eine teuflische Technologie errichten wollte, um durch meine standhafte Verweigerung das Abendland zu retten. Ich konnte mir sogar vorstellen, dass es Tätigkeiten gab, bei denen ein Computer sehr hilfreich sein konnte. Aber kreative Gedanken entwickeln, die Fantasie Purzelbäume schlagen lassen, mit Ideen, Gedanken und Worten jonglieren, und das alles vor einem Bildschirm? Nein, so hoch und wild waren die Purzelbäume meiner Fantasie nun auch wieder nicht. Das würde ich nicht können.

Meine Gedanken brauchen um in Gang zu kommen das weiße Papier und den Stift auf der Tischplatte, ihr warmes Holz mit den beruhigenden Schwingungen seiner Maserung. Die Tasse mit dem dampfenden Tee zur Rechten. Den Becher mit dem Sprung zur Linken, wo er seinen Lebensabend als Stifteständer verbringt. Daneben den rundgeschliffenen Stein vom See, der aufregend kühl und gleichzeitig so beruhigend in der Hand liegen kann. Der klobig gedrechselte Holzkreisel aus fernem Land, der meiner Phantasie vormachen kann, wie man in Schwung kommt, wie man sich dreht und Pirouetten schlägt, vielleicht sogar Purzelbäume. Der Holzrahmen, in dem ein Foto von einem Sonnenuntergang steckt. Er entführt mich in Gedanken zu einem fernen Planeten und läßt mich von einem kleinen Prinzen träumen. Eines verbindet uns beide nämlich: Wir lieben Sonnenuntergänge über alles.
Das alles braucht meine Fantasie, um sich wohl und zuhause zu fühlen. Und ich soll das alles beiseite schieben, um Platz für eine graue Plastiktastatur zu machen, für einen genauso grauen Bildschirm und einen ebenso grauen Kasten, dessen Innereien ich ohnehin nie verstehen würde? Ich konnte mir das einfach nicht vorstellen, bis … und das ist genau die Geschichte, die ich erzählen möchte.

* * *

Ich hatte Geburtstag gehabt und seit diesem Tag lag eine Schachtel mit Pralinen auf dem Regal: süße Kirschen in noch süßerem Weinbrand, umgeben von genauso süßer Schokolade. Niemand in der Familie mochte sie. So lag die Schachtel schon seit Wochen auf dem Regal, kaum noch zur Kenntnis genommen, bis es mein Sohn eines Tages doch tat. Behutsam legte er die Pralinen in die Öffnung meiner alten, manuellen Schreibmaschine. Sie hörte auf den schönen Namen Monika. Monika war mir

vertraut und darum unterzog ich sie vor Gebrauch nie einer näheren Untersuchung. Warum auch? Heute wüsste ich allerdings einen Grund.
Ich setzte mich also an den Schreibtisch und schlug die Tasten an. Das süße Zeug flog mir um die Ohren. Kein Problem! Ich konnte mich ja unter die Dusche stellen. Monika wäre eine solche Lösung des Problems weniger bekommen. Also holte ich eine Nadel und porkelte die Schokoladenstückchen zwischen den einzelnen Buchstabenhebeln heraus. Aber der klebrigen Soße konnte ich so nicht beikommen. Und so klebten die Hebel oben fest, sobald ich einen von ihnen hochgedrückt hatte. Also: Mit der linken Hand wieder runterziehen. Nächste Taste. Hebel wieder herunterziehen. Taste. Runterziehen. Taste. Runterziehen. Wenn man einen langen Text tippen muss, erlahmen schnell Arm und Geduld und die Nerven werden dünner. Von Zeile zu Zeile wuchs die Erkenntnis, dass es so nicht weitergehen konnte, dass ein neues Gerät her musste. Abschied von Monika. Aber in Zeiten wie diesen eine manuelle Schreibmaschine neu kaufen? Gab es die überhaupt noch? Ich brauchte nur noch wenige Seiten, bis der Entschluss feststand, es zu wagen, mich auf einen Computer einzulassen. So einen verführerischen Namen wie Monika hatte er leider nicht. Ich musste mich mit irgendwelchen kühl klingenden Zahlen und Buchstaben zufrieden geben.
Trotzdem habe ich meinen Entschluss nicht bereut. Aber der gemaserten Schreibtischplatte mit Papier und Sift, mit Stein und Kreisel, der dampfenden Teetasse und dem Foto mit dem Sonnenuntergang bin ich treu geblieben. Alle Texte entwerfe ich hier, schreibe die Gedanken mit dem Stift aufs Papier. Den Computer habe ich an den Katzentisch verbannt. An ihn begebe ich mich, wenn die Worte geformt und der Text gewachsen ist. Ich habe nämlich schnell gemerkt, wie verführerisch so ein Computer sein kann. Ein paar mal mit der Maus angeklickt, und

schon erscheint jeglicher Text gestilt in Schrift und Form. Makellos. So wächst in mir die Ehrfurcht vor dem Fertig-Erscheinenden, obwohl es längst noch nicht seine endgültige Form hat, obwohl ich an ihm feilen und drechseln müßte. Vor der kaum entzifferbaren Schrift auf dem Papier habe ich wenig Ehrfurcht. Da kann ich streichen und Pfeile machen, umstellen, einkreisen, solange, bis ich kaum noch durchblicke. Oder ich kann Kringel an den Rand malen. Oder auch eine Riesenschlange, die einen Elefanten verdaut. Oder ein Schaf. Vielleicht auch einen Vulkan oder einen Sonnenuntergang. Nichts hemmt mich. Aber wenn alles bereits wie gedruckt aussieht, könnte ich dem Irrtum verfallen, der Text wäre bereits in seinem endgültigen Zustand. Darum bin ich dabei geblieben, alles mit der Hand vorzuschreiben, rechts die Teetasse, links der Stiftebecher, daneben Kiesel, Kreisel und der Sonnenuntergang im Fotorahmen. Erst wenn sie mir geholfen haben, ziehe ich mich an den Katzentisch zum Computer zurück. Wie jetzt…

Wenn dann ein Kind auf euch zukommt, wenn es lacht, wenn es goldene Haare hat, wenn es nicht antwortet, so man es fragt, dann werdet ihr wohl erraten, wer es ist.

Rüdiger Siebert

Lachen en passant – Begegnung mit einem kleinen Prinzen

Es ist, als ströme am Char Minar halb Indien zusammen. Mitten in Hyderabad ragen die vier minarettähnlichen Türme wie kunstvoll gehauene Felsen aus der urbanen Brandung. An die mächtigen Torbögen schlagen unaufhörlich die Wellen geballter Unrast. Pferdekarren, Lastenträger, Kuhtreiber, Ochsengespanne, Menschen aller Hautfarben, viel automobiles Blech, Rikschas. Es dröhnt und schreit und knattert. Ich fotografiere vom sicheren Ufer einer Seitenstraße aus und spüre doch das Unbehagen, das mich angesichts solch vollkommenen Plurals bedrängt. Das Fotografieren wird zum Hilfsmittel, um wenigstens im Sucher das Chaos überschaubar, durchschaubar zu machen.

Da fährt ein Lachen ins Bild. Ein breites, jugendliches Lachen. Zwei dunkle Augen schauen mich an. Ich lasse den Apparat sinken. Die wogende Masse, in der jedes Gesicht so schnell verschwimmt, erhält mit einem Mal ein einzelnes Antlitz: das eines Jungen, eines Rikschafahrers. Ein schmutziges Handtuch schlingt sich als Turban um seinen Kopf. Barfüßig tritt der Junge in die Pedale. Ein an- und eingespannter Arbeiter, der einen älteren Herrn – heller Anzug, gestreifte Krawatte, Sonnenhut – durch den Verkehr strampelt. Der Blick aus pfiffigen Augen mustert mich. Der Junge lässt sein grellrot gestrichenes Vehikel langsam rollen. Im jugendlichen Lachen schwingt Überraschung über diesen seltsamen Europäer mit, der ihn fotografieren will, ausgerechnet ihn – vielleicht spielt auch ein bisschen Geschmeicheltsein mit. Jedenfalls reckt er sich, strafft den Oberkörper, den ein durchgeschwitztes Hemd umhüllt. Der Junge winkt. Eine Hand an der Lenkstange, die andere übermütig in die Luft geworfen. Ich winke zurück. In diesem Augenblick springt mitten im Gewühl ein menschlicher Funke über. Zwei Wesen unterschiedlicher Welten nehmen einander zur Kenntnis. Neugier. Der Gedanke, ins Gespräch kommen zu können. Eine Ahnung, dass es viel zu erzählen gäbe. „Zwei fremde Augen, ein kurzer Blick...“ Die indische Version von Tucholskys Großstadt-Augen. Noch im Vorbeifahren und mit gewendetem Kopf: dieses frische Lachen. Im Strom des Überlebenmüssens geht es unter. Ein Mensch. Ein einzelner inmitten der vielen. Der unerbittliche Strom saugt ihn fort. Ich vergesse, auf den Auslöser zu drücken.

Kemal Kurt

Familie Krevette im Algenwald

In den Felsen im Meer unweit der Küste wohnen viele interessante Lebewesen. Sei es durch ihr ungewöhnliches Aussehen, sei es wegen ihrer Verhaltensweisen fallen einige von ihnen gleich auf. Nicht so die Familie Krevette. Sie war eine ganz gewöhnliche Familie. Mutter Garnele kochte, schrubbte den Felsboden ihrer Wohnung und kümmerte sich um die Kinder. Vater Gambas ging jeden Morgen aus dem Haus, um Nahrung für seine Liebsten zu beschaffen und kam abends müde, aber mit vollen Händen nach Hause. Nach dem Essen las er in seiner Zeitung *Der Meeresspiegel* und murmelte in seine Fühler, wenn die Kinder oder seine Frau ihn etwas fragten. Die Geschwister Shrimps, Krabbe und Scampi besuchten vormittags die Meeresgrundschule, nachmittags spielten sie oder machten Hausaufgaben, wobei letzteres seltener vorkam.

Eines Sonntag legte Vater Gambas nach dem Frühstück die angelesene Zeitung aus der Hand.
„Was haltet ihr von einem Ausflug in den Algenwald?“, fragte er.
„Gute Idee“, bemerkte Mutter Garnele. „Ich war seit langem nicht mehr dort.“
„Hurra!“, riefen Krabbe und Scampi. „Wir machen einen Ausflug.“
Shrimps war in ein Buch vertieft.
„Kann ich es nicht erst zu Ende lesen?“, bat er. „Dick ist es nicht.“
„Dann ist der Tag schon um“, meinte Mutter Garnele.
„Was liest du denn?“, fragte Vater Gambas besorgt. Shrimps hielt es ihm hin: *Der kleine Prinz.*
„Nimm es doch mit!“, riefen Krabbe und Scampi empört. „Beim Picknick kannst du weiterlesen.“

Shrimps liebte Ausflüge genauso wie Krabbe und Scampi. Gerade in dem sagenumwobenen Algenwald gibt es so viele Geheimnisse, so viel Aufregendes zu entdecken. Allein durften sie sich nicht weit von zu Hause entfernen, denn gerade die schmackhaften Krabbenkinder mit ihrer dünnen Schale haben viele Feinde. Aber das Buch war ungemein spannend. Die Erlebnisse des kleinen Prinzen, der von seinem Planeten, dem Asteroiden B 612, auf die Erde gefallen war, rissen Shrimps wie eine kräftige Meerströmung mit. Unwillig klappte er das Buch zu und steckte es in seinen Rucksack. Mutter Garnele packte Proviant ein – Planktonbrote, gefüllter Blasentang, ein Nudelgericht aus Bandalgen und Moossalat –, und ab ging es in den Wald. Weit hatten sie es nicht. Bald schwammen sie durch eine wunderbare Blumenpracht.
Wer noch nie dagewesen ist, kann sich nicht vorstellen, wie bunt und vielfältig ein solcher Wald aussieht. Rot, grün, braun, gelb wedeln die Algen sanft in der Meerströmung: die purpurroten

Seefedern, die zarten, hellgrünen Bänder der Darmalge, der leuchtend grüne Brotschwamm, das harte, bräunliche Korallenmoos, der zierliche japanische Beerentang, der rötliche Sterntang. Am meisten gefielen Shrimps, Krabbe und Scampi aber die wunderschönen Blumentiere, die ständig ihre Farben wechselten. Magisch zogen sie die pinkfarbenen Wachsrosen, die bernsteingelben Pferdeaktinien, die fächerförmigen Wasserfeger, die farbenprächtigen Tangrosen und die roten Seenelken an.
„Vorsicht!" Immer wieder warnte Vater Gambas seine Kinder davor, sich den bunten Blumen zu nähern. Können diese doch mit ihren Nesseln Krabben einfangen und sie verspeisen.
Es war ein wunderschöner Sonntagvormittag, ringsum tummelten sich viele kleine und große Fische. Manche platten Steinfische sahen, wenn sie ihre blauen Flügel ausbreiteten, wie Schmetterlinge aus. Familie Krevette vergaß die Zeit und schwamm immer tiefer in den wunderschönen Wald. Da aber wurde das Wasser mit einem Mal trüb und zähflüssig. Es roch scharf nach Öl.

„Verflixt!", rief Vater Gambas entsetzt. „Schon wieder hat ein Öltanker auf dem Riff aufgesetzt."
Vater Gambas hatte schon mehr als eine Tankerhavarie erlebt und war oft genug knapp mit dem Leben davongekommen. Tatsächlich schwamm bald über ihnen auf der Meeresoberfläche ein dicker Ölteppich; der Meeresgrund wurde dunkel wie die Nacht.
„Schnell weg hier!", rief Vater Gambas. „Dieser Wald ist nicht mehr zu retten. Die ganze Küste kann man vergessen. Bloß weg!"
Aber wie? In ihrer Euphorie war die Familie Krevette zu tief in den Wald eingedrungen, so tief wie noch nie. Wie sollten sie den Weg im Dunkeln zurückfinden? Die Wipfel der Meerespflanzen waren mit Öl beschmiert und sanken zu Boden. Entsetzt zogen die Blumentiere ihre Nesseln ein, die Wachsrosen

und die Pferdeaktinien schlossen ihre Blütenblätter und neigten die Köpfe.
„Wir dürfen keine Zeit verlieren", rief Vater Gambas in Panik. „Wenn uns das Öl erreicht, sind wir verloren."
Shrimps, Krabbe und Scampi brauchten nur nach oben zu schauen, um zu sehen, wie das gemeint war. In dem Ölteppich trieben tote Fische. Eine leichtsinnige Möwe, die sich von den Ölmassen überraschen lassen hatte, japste mit weit aufgesperrtem Schnabel nach Luft. Ihre Federn waren mit einem dicken Ölfilm verklebt, so dass der arme Vogel nicht mehr atmen konnte. Für die Möwe gab es keine Rettung mehr.
Es kam noch schlimmer. An einer Biegung wurde Vater Gambas, der vorneweg schwamm, von einem auf ihre Höhe herabgesunkenen Ölklumpen überrascht. Er konnte nicht verhindern, dass die Spitzen seiner empfindlichen Fühler mit dem Öl in Berührung kamen. Bestimmt war dies der Grund, dass er die Orientierung verlor und seine Familie in die falsche Richtung führte.
„Ich glaube, wir sind von dort gekommen", sagte Vater Gambas und zeigte an einer Kreuzung auf eine breite Schneise durch die Algen.
„Aber nein!", sagte Mutter Garnele und wies auf den Weg gegenüber.
Krabbe und Scampi zeigten jeweils in eine andere Richtung. Schließlich mussten doch alle die Schneise nehmen, weil das letzte Wort immer Vater Gambas hatte. Sie war breit und gepflegt, und es hätte ihnen bestimmt Spaß gemacht, dort zu schwimmen, wenn sie sich nicht in Todesgefahr befunden hätten. Bald verzweigte sich der Weg von neuem.
„Hier lang geht es!", rief Vater Gambas und bog nach rechts ab, hinter ihm folgten still und stumm die Mutter und zuletzt muckskrabbenstill die Kinder. Der Weg wurde eng und verzweigte sich wieder. Es war wie in einem Irrgarten. Geführt von

Vater Gambas verirrte die Familie sich völlig und wusste nicht mehr, wie sie je wieder aus dem Wald hinausfinden sollte.
„Mir nach!", rief Vater Gambas und die Kinder hörten den verzweifelten Ton in seiner Stimme deutlich. Man schwamm mal hierhin, mal dahin. Schließlich musste der Vater zugeben, dass er nicht mehr weiter wusste. Das Öl hatte sie von allen Seiten umzingelt. Überall trieben tote Meerestiere.
Nun konnte Shrimps nicht mehr an sich halten. Was hatte der kleine Prinz gesagt? Shrimps schlug sein Buch auf.
„Die Augen sind blind. Man muss mit dem Herzen suchen."
Die breite Schneise, die sich vorhin den Augen als Ausweg angeboten hatte, war eine Sackgasse gewesen. Shrimps sah einen kleinen, unscheinbaren Weg, der, mit Tang überdacht, in dichte Algenbänke verlief. Plötzlich war Shrimps sich sicher: Das war der Weg. Er raffte seinen Mut zusammen.
„Hierlang!", rief er. „Hier geht es hinaus."
Verdutzt schauten Vater Gambas und Mutter Garnele einander an. Shrimps dachte wieder an sein Buch. Wie heißt es darin?
„Kinder müssen mit großen Leuten viel Nachsicht haben."
Viel Nachsicht und viel Geduld. Vor allem darf man mit ihnen nie aufgeben.
„Ganz sicher", beharrte Shrimps. „Kommt jetzt bitte."
Und schwamm voran. Zögernd folgten die Eltern und die Geschwister – was blieb ihnen übrig? Der kleine, bestimmt seit langem nicht mehr benutzte, fast zugewachsene Weg führte hinten an den großen Felsen vorbei. Bald sah man in der Ferne die Zuckertangplantage. Dort gab es eine schmale Öffnung zwischen zwei Ölplacken. Dicht hinter Shrimps folgten Krabbe und Scampi, hinter ihnen Mutter Garnele, und den Schluss bildete der brummende Vater. Kaum waren sie durch die Öffnung geschwommen, schloss sie sich hinter ihnen. Beinahe wäre es zu spät gewesen.
„Jetzt biegen wir hier ab", meinte Shrimps. Obwohl es für ihn

ungewohnt war zu führen, machte er seine Sache gut – so gut, dass der Weg ihnen bald bekannt vorkam. Als sie dann eine Abkürzung durch die Austernsiedlung nahmen, erkannten sie wieder ihren Ausgangspunkt. Erleichtert atmeten sie auf.
Endlich aus dem Algenwald heraus, schwamm Familie Krevette zügig und ausdauernd, wusste man doch, dass der klebrige Ölteppich sich ausbreiten würde. Nach vielen Seemeilen – die Eltern waren ebenso erschöpft wie Shrimps, Krabbe und Scampi – hatte man sich weit genug von dem Unglücksort entfernt. Nun galt es, sich ein neues Zuhause aufzubauen.
Die Felsen, ihre einstige Heimat, waren zu einem Friedhof für Meerestiere geworden. Leben war dort nicht mehr möglich; erst starben die winzigen Planktone, die Nährstoff für Kleinlebewesen. Die Tiere, die nicht durch das Öl umkamen, verhungerten. Für Familie Krevette war die Katastrophe glimpflich ausgegangen. Vater Gambas konnte die Spitzen seiner Fühler vom hartnäckigen Öl reinigen, indem er sie stundenlang am sandigen Meeresboden scheuerte.
Schon an jenem Abend saß die Familie Krevette in ihrem neuen Zuhause. Während Vater Gambas im *Meeresspiegel* blätterte, las Shrimps in *Der Kleine Prinz* weiter:
„Nur die Kinder wissen, wohin sie wollen“, sagte der kleine Prinz. „Sie wenden ihre Zeit an eine Puppe aus Stoff-Fetzen, und die Puppe wird ihnen sehr wertvoll, und wenn man sie ihnen wegnimmt, weinen sie…“
„Sie haben es gut“, sagte der Weichensteller…

So machte ich die Bekanntschaft des Kleinen Prinzen.

Rüdiger Siebert

Arjuna, der Held und Prinz

Arjuna ist 13 Jahre alt, das älteste von fünf Geschwistern. Ich komme mit ihm vor dem Bahnhof in Bombays Stadtteil Wadala ins Gespräch. Er humpelt an zwei Krücken und hält den Passanten eine offene Hand entgegen. In seinem Gesicht strahlt ein gewinnendes Lächeln, das über die körperliche Benachteiligung fast hinwegsehen läßt. Seit Arjuna als Zweijähriger an Polio erkrankte, sind seine Beine gelähmt. Als Kind mittelloser Eltern konnte er nie ausreichend medizinisch versorgt werden.

Arjuna erzählt davon mit der größten Selbstverständlichkeit; und jedesmal, wenn er etwas betonen will, schnalzt er mit der Zunge. Seine Hände begleiten die Rede gestenreich. Trotz seiner Gehbehinderung wagte er die Flucht aus seinem Heimatdorf. Als Schwarzfahrer reiste er mit der Eisenbahn durch halb

Indien. Ich hatte den Jungen schon von weitem beobachtet und über die Behendigkeit gestaunt, mit der er sich auf seinen Aluminiumkrücken fortbewegte. In Bombay verkauft er Lotterielose. Von ihm, den das Lebensglück vergessen zu haben scheint, nehmen die Leute offenbar besonders gern diese Tickets der Hoffnung auf einen großen Gewinn entgegen.
Arjuna ist nach einem der berühmtesten Helden im indischen Nationalepos Mahabharata benannt. Sein Namenspatron ist einer der glanzvollen Krieger aus königlichem Hause, dem Luxus ebenso zugetan wie den schönen Frauen. In vielen Restaurants Indiens hängt die populärste Szene seiner Schlachten: Arjuna als Feldherr im prächtigen Kriegswagen, von feurigen Rossen gezogen, vom göttlichen Wagenlenker Krishna geführt. Weiß der humpelnde Arjuna von diesem anderen, legendären? Er nickt lächelnd. Klar, wer in Indien kennt den von den Göttern geliebten Arjuna nicht! Aber dieser Arjuna, ach, der Losverkäufer winkt ab, der sei doch weit weg in den Himmeln der Fantasie. Er selbst müsse sich hier unten auf dem staubigen Pflaster Bombays herumplagen. Wieder lacht der irdische Arjuna; und ich begreife, dass es viele Möglichkeiten gibt, ein Held zu sein.

Ich fühlte sein Herz klopfen wie das eines sterbenden Vogels, den man mit der Flinte geschossen hat.

Sigrid Kruse

An der Reihe

Wir teilen die Angst
wie einen Apfel.
Einer teilt, einer wählt,
das ist gerecht, sagt man.

Du hast das Fürchten gelernt.
Das war der Preis
für das erste Nein,
den ersten Schritt.

Ich hätte dich auf Schultern getragen,
aber bin ich Goliath!
Du musst deine eigenen Füße benutzen,
in die Hände klatschen,
damit der Spuk ein Ende hat.

Ich bin ein ernsthafter Mann.
Ich habe keine Zeit für Träumereien.

Eugen Drewermann

Begegnung ohne Verschmelzung

So romantisch verträumt der „Kleine Prinz" auch wirken mag, so verdichtet in ihm auch die großen religiösen Wahrheiten anklingen und so menschlich sympathisch man seine Kritik an der Welt der Erwachsenen mit ihrem Aberglauben an Zahlen und Äußerlichkeiten auch finden wird – im Grunde ist selbst diese großartige Dichtung vom „Kleinen Prinzen", dieses schönste Märchen des 20. Jahrhunderts, wie ein unfreiwilliger Beweis, dass die Zeit wie unerreichbar fern erscheint, in der das Träumen noch geholfen hat und Märchen sich erfüllen konnten. Denn während sonst die großen Träume der Völker erzählen, wie Erwachsene an sich selbst das Wunder der Wiedergeburt, symbolisiert in einem ihrer Kinder, zu erfahren vermögen oder wie Kinder ihre Eigenart bewahren können, auch wenn sie unter zumeist lebensbedrohlichen Gefahren erwachsen werden, beschreibt der „Kleine Prinz" eine Begegnung ohne

Verschmelzung, eine Erinnerung ohne Synthese, eine Vision ohne Aussicht.

Es handelt sich um eine Geschichte, die mit der Schilderung einsetzt, was Erwachsene in einem Kind alles zerstören können, noch ehe sein Leben wirklich begonnen hat; und diese Dichtung, die dem Wort nach einem Erwachsenen gewidmet ist, richtet sich doch an das Kind, das dieser Erwachsene einst war. Wohl beschwört sie alle Kinder dieser Erde, dem Prunk der Erwachsenen nicht Glauben zu schenken und die Einfalt ihres Herzens zu bewahren. Aber sie zeigt nicht, welch eine Chance ein „Erwachsener" haben könnte, sein Unwesen zu wandeln und zu sich selbst, zu seiner ursprunghaften Kindlichkeit zurückzufinden; und noch weniger verrät sie darüber, wie der „Kleine Prinz" sein geheimes Königreich auf dieser Erde antreten könnte. Im Gegenteil, am Ende kehrt der „Kleine Prinz" auf seinen winzigen Planeten zurück aus Treue zu seiner „Rose", während der abgestürzte Flieger sein „erwachsenes" Leben wieder aufnimmt, sehnsüchtiger, ohne Zweifel, als zuvor und trauriger denn je, aber gleichwohl außerstande, die Gestalt des „Kleinen Prinzen" in sein eigenes Dasein aufzunehmen.

(aus: Eugen Drewermann: Das Eigentliche ist unsichtbar. Herder Spektrum Bd 4068. Freiburg, 12. Auflage 1998)

Aber keiner von den grossen Leuten
wird jemals verstehen,
dass das eine so grosse Bedeutung hat.

Hans-Martin Große-Oetringhaus

Großschreibung

Wenn kleine Menschen
große Rechte bekommen,
dann müssen die Kleinen
den Großen
nicht klein beigeben
und haben eine Chance,
groß zu werden.
Darum ist es wichtig
die Rechte der Kleinen
ganz groß zu schreiben.

Am ersten Abend bin ich also im Sand eingeschlafen.

Harry Böseke

Wind, Sand und Sterne

Der Wind blies mächtig seine Backen auf. Da war auch ein Sandkorn, welches von der Erde bis in den weiten Weltraum geschleudert wurde und somit kurzerhand Bekanntschaft mit einem so winzigen Stern machte, dass sich das Sandkorn fragte, wer von beiden denn nun größer sei.
„Ich bin der kleinste Stern des Himmelraumes!", sagte der kleine Stern. „Aber wenn ich schon selbst verglüht sein sollte, sehen mich die Menschen noch in vielen hundert Jahren. Ich bin also ein Stück Zukunft!"
„Und ich", sagte das Sandkorn, „bin das größte Sandkorn der Erde. Ich bin 600 Millionen Jahre alt. Auf dem Meeresboden lag ich einst, und deshalb bin ich mit diesem Alter die Vergangenheit!"

„Wir sind doch alle heute ein Stück Gegenwart!", warf der Wind ein, und er hatte damit recht. „Wir sind unverwechselbar."
Das Sandkorn schaute den Stern an und der Stern das Sandkorn. Tatsächlich konnte man beide verwechseln.
„Nun ja. Unverwechselbar!", sagte das Sandkorn. „Aber wenn wir uns mal verwechseln würden? Wenn ich jetzt ein STERN wäre, dann wäre die SANDburg eine STERNburg. Ein VerSANDhaus hieße dann VerSTERNhaus …!"
„Und wo bleibe ich?", warf der Wind ein.
„Ein BuschWINDröschen hieße vielleicht BuschSANDröschen. Der SANDdorn vielleicht WINDdorn, ein WINDei vielleicht STERNei, eine WINDrose vielleicht SANDrose." Dem kleinen Stern machte das Spiel Spass.
„Ein GeSANDter heißt GeSTERNter. Ein SANDsturm vielleicht STERNsturm!"
„Und wo bleibe ich?", warf wiederum der Wind ein.
„WINDsturm!" – „Dann aber besser STURMWIND!", antwortete das Sandkorn.

Der kleine Stern aber dachte schon über ein Spiel nach, welches er den Freunden erst ganz im Geheimen und dann doch etwas lauter zu Gehör brachte. Zwischendurch hatte er nämlich schon Block und Stift zur Hand genommen und stellte diese Frage: „Wenn wir so unverwechselbar sind, dann werden wir auch in die Lücken das Richtige schreiben."
„Aber wo ist die Lücke?", fragte der Wind. „Du hast ja gar keinen Platz gelassen!"
„Das ist ja gerade mein Spiel!", lachte der Stern. Das sollt ihr selbst herausfinden, und wer von uns dreien dann da rein, davor oder dahinter passt, das sollt ihr raten."
Das Sandkorn und der Wind haben eine Weile geraten. Was glaubt ihr, haben sie dabei herausgefunden?

VORGE
GESCH
ABGETER
GEEBOHRER
ABE
AUFE
BURG
TALER
HAMACHWUCHS
POLAR
UHR
VERPFLA
KLEI
VEREN
ÜBEREN
VERSCHEN
VERHAUS
FANG
VERARTIKEL
NÜ

„Na, habe ihr es herausbekommen? Ganz schön schwer“, sagte der Stern. „Aber ich will euch die Antworten auch verraten: VORGESTERN; GESCHWIND;ABGESANDTER; GEWINDEBOHRER; ABWINDE; AUFWINDE; SANDBURG; STERNTALER; HAMSTERNACHWUCHS; POLARSTERN; SANDUHR; VERPFLASTERN; KLEISTERN; VERSANDEN (aber auch VERWINDEN); ÜBERWINDEN; VERSCHWINDEN; VERSANDHAUS; WINDFANG; VERSANDARTIKEL; NÜSTERN.

„Da hast du uns ja dran gekriegt! Aber ich habe da auch noch eine Frage.“ Sagte das Sandkorn. „Versteckt sich ein UHU mitten im Sand, dann werden wir mit einem bekannt!“

„Du Sauhund! Uns so was Schweres zu fragen!“, schimpfte der Wind.
„Tatsächlich: SA-UHU-ND!“, lachte das Sandkorn.

Der Stern hätte sich ins Fäustchen gelacht, wenn es für Sterne so etwas geben würde. „Und was hast du für ein Spiel, was für eine Frage, lieber Wind?“
„Geschwind, guter Wind!“, stachelte das Sandkorn liebevoll den Wind an. Immerhin hatte es ihm diese Reise zu verdanken.
Und der überlegte nicht lange: „Was haben AUGEN mit der Stadt GENUA gemein?“
„Gemein!“ – „Die Antwort kenn ich nicht.“
„Ja!“, lachte der Wind. „Ihr könnt raten und raten und braten. Ihr kommt nicht drauf.“
„Die Antwort allein, weiß ganz allein der Wind!“, sang der Stern. Er kannte dieses Lied.

Aber dann wirbelte der Wind die Buchstaben der Worte auf und ein neues Wort fiel hinab. Der Stern und das Sandkorn riefen rasch: „Die haben die gleichen Buchstaben!“
„GENAU!“ Und das haben dann alle drei eingesehen und die halbe Nacht darüber gelacht.

WENN MAN SEINE MORGENTOILETTE BEENDET HAT, MUSS MAN SICH EBENSO SORGFÄLTIG AN DIE TOILETTE DES PLANETEN MACHEN.

Hans-Martin Große-Oetringhaus

Sich sorgfältig an die Morgentoilette des Planeten machen

Ein Nachwort im Konjunktiv zur Kinderrechtskonvention und zur Agenda 21 der Vereinten Nationen

Eine klare Nacht. Rings um mich Dunkelheit. Und über mir Milchstraßengefunkel. Die Sterne leuchten, glänzen, blitzen, verführen zum Träumen. Welches mag der Stern des kleinen Prinzen sein? Ob er sich eines Tages auf den Weg machen wird, erneut unseren Planeten zu besuchen? Würde er wieder in der Wüste ankommen? Oder womöglich in einer Stadt? Vielleicht in einem ganz anderen Kontinent? Im Süden oder Norden? Westen oder Osten? Oder sogar – warum eigentlich nicht? – direkt vor dem Haus der Vereinten Nationen in New York?
Der kleine Prinz träte durch das große Eingangsportal, vermutlich kaum bemerkt. Setzte sich irgendwo dazwischen, hörte zu. Bei den vielen schönen Worten würde er ins Staunen geraten.

Ich bin mir sicher: er wäre begeistert, vor allem von dem, was über Kinder gesagt würde. Und über deren Rechte. In einem Vertag eigens festgehalten: in der *Kinderrechtskonvention.* Ein Wortmonstrum. Knochentrocken und langweilig hört es sich an. Aber hinter diesem Wort verbirgt sich etwas äußerst Spannendes: die Rechte, die alle Kinder auf diesem Planeten haben oder zumindest haben sollten.

Für uns hören sich einige von ihnen selbstverständlich an. Zum Beispiel das Recht, satt zu werden; das Recht, ein Dach über dem Kopf zu haben; das Recht, bei Krankheit ärztlich versorgt zu werden; das Recht eine Schule besuchen zu dürfen. Aber es gibt auch Rechte wie das, vor ausbeuterischer Kinderarbeit geschützt zu werden. Oder vor Missbrauch. Oder das Recht, dass Kinder im Krieg besonderen Schutz erfahren.

Viele Seiten umfasst diese Kinderrechtskonvention und vierundfünfzig Artikel. Feierlich wurden sie unterzeichnet, genau in jenem Haus, in dem der kleine Prinz sitzen und zuhören würde. Er müsste beeindruckt sein von dem, was er bei den Vereinten Nationen über die Rechte der Kinder erführe. Die Erde: ein Paradies für Kinder! Das würde der kleine Prinz sehen wollen. Und er würde sich auf den Weg rund um die Welt machen, um zu erfahren, wie es um die Rechte der Kinder stünde. Was würde er zu sehen bekommen? Würde er bleiben?

Meine Gedanken schweifen ab, je länger ich in das Sternengefunkel blicke. Sie malen sich Begegnungen aus mit Vinod und Kim, Sarah und Thong, Nayendra, Maria, Fatima und vielen anderen.
Eine Gedankenschnuppe reißt mich aus den Träumen. Vielleicht liefe alles auch ganz anders ab. Der kleine Prinz könnte den Vertreterinnen und Vertretern der Völker aus aller Welt davon

berichten, wie gewissenhaft und sorgfältig er es mit der Toilette seines Planeten nimmt und sie dann fragen, wie sie es damit halten. Vielleicht würden sie ihm von der Agenda 21 berichten. Wenn sie geduldig und einfühlsam wären – was zugegebenermaßen nicht gerade zu ihren Stärken zählt – würden sie möglicherweise erklären, dass *Agenda* ein lateinischer Begriff ist und sinngemäß bedeutet: *Was zu tun ist.* Die 21 steht für das 21. Jahrhundert. In der Agenda 21 ist festgelegt, was auf dem Weg ins 21. Jahrhundert zu tun ist, damit wir eine lebenswerte Zukunft auf diesem Planeten vor uns haben. In vierzig Kapiteln wird beschrieben, wie die Menschen vorgehen müssen, damit sie die anstehenden Probleme lösen können. Die Agenda 21 ist also ein Aktionsprogramm für das 21. Jahrhundert. Es soll helfen, Lösungsansätze zur Bekämpfung von sozialen Problemen wie Hunger, Armut, Krankheit und Analphabetismus zu finden und das empfindliche ökologische Gleichgewicht der Erde zu schützen und zu sichern.

Der Kleine Prinz wäre beeindruckt davon, wie die Menschen sich um die Morgentoilette ihres Planeten kümmern. Das würde er sich ansehen wollen. Und dann? Wir wissen, was er zu sehen bekäme. Und genau das sollte uns dazu bringen, richtige Worte in notwendige Tatgen umzusetzen, die Agenda 21 und die Kinderrechtskonvention ein Stück weit Wirklichkeit werden zu lassen.

Ende des Konjunktivs. Jetzt ist Handeln angesagt, damit unser Planet eine Zukunft hat und zu einer *terre des hommes*, zu einer *Erde der Menschlichkeit* wird.

Autorinnen und Autoren

Die Autorinnen und Autoren werden im Folgenden kurz vorgestellt. Die meisten von ihnen haben zahlreiche Publikationen veröffentlicht und wurden mit Preisen ausgezeichnet. Diese werden hier nicht im Einzelnen genannt und aufgelistet.

Alma Alice

Schülerin. Flüchtling aus Bosnien. Lebte für einige Zeit in Hamm. Inzwischen ist sie nach Bosnien zurückgekehrt.

Ilse Bintig

1924 in Hamm geboren. Abitur, Studium, Schuldienst in Grund- und Hauptschulen. Therapeutin für Legasthenie. Seit 1984 freie Schriftstellerin. Zahlreiche Spielstücke und Rundfunksendungen. Sie lebt heute in Hamm.

Wolfgang Bittner

1941 in Gleiwitz geboren. Aufgewachsen in Ostfriesland. Nach dem Abitur Studium der Rechtswissenschaft, Soziologie und Philosophie. 1970 erstes juristisches Staatsexamen. 1972 Promotion. 1973 zweites juristisches Staatsexamen. Aufenthalte in Vorderasien, Mexiko und Kanada. Schreibt für Erwachsene, Jugendliche und Kinder. Übersetzungen in zahlreiche Sprachen. Mitarbeit bei Zeitungen, Zeitschriften, Rundfunk und Fernsehen. Mitglied im P.E.N. Er lebt heute in Köln.

Harry Böseke

1950 geboren. Pädagoge. Leiter verschiedener Kultur- und Jugendzentren. Seit 1980 freier Schriftsteller. Veranstaltet Schreibspielwerkstätten. Eines seiner wichtigen Themen: Spaß am Spiel mit der Sprache. Ein weiteres: seine bergische Heimat. Begründer des Müllenbacher *Haus der Geschichten*. Er lebt heute in Marienheide im Bergischen Land.

Lutz van Dijk

1955 in Berlin geboren. Er ging mit 18 Jahren nach New York. Später Studium der Pädagogik und Geschichte. 1979 – 1988 Sonderschullehrer in Hamburg. Promotion in Philosophie. 1990 – 1992 Dozent für Lehrerfortbildung in Hamburg. Seit 1992 freier Schriftsteller und Fotograf. Arbeitete 1992 – 1999 als Pädagoge beim Anne Frank Haus in Amsterdam. Er lebt heute in Amsterdam.

Eugen Drewermann

1940 in Bergkamen geboren. Er studierte Philosophie, Theologie und Psychoanalyse. Promotion in Theologie. Professur. Autorentätigkeit. Er lebt heute in Paderborn.

Kristina Dunker

1973 in Dortmund geboren. Sie studierte Kunstgeschichte und Archäologie und erhielt für ein Jahr das Erasmus-Auslandsstipendium in Pisa (Italien). Ihr erstes Jugendbuch veröffentlichte sie bereits mit 17 Jahren. Sie lebt heute in Castrop-Rauxel.

Willi Fährmann

1929 in Duisburg geboren. Maurerlehre, Abendschule, Studium an den Pädagogischen Hochschulen in Oberhausen und Münster. Seit 1953 Lehrer, dann Schulrat. Mitglied des P.E.N. Autor zahlreicher Kinder- und Jugendbücher, aber auch pädagogischer Publikationen. Sie wurden in viele Sprachen übersetzt. Er lebt heute in Xanten.

Monika Feth

1951 in Hagen geboren. Studium der Literaturwissenschaft. Arbeitet als Journalistin und freischaffende Schriftstellerin. Übersetzungen ihrer Bücher in viele Sprachen. Sie lebt heute in Nörvenich.

Karlhans Frank

1937 in Düsseldorf geboren. Seit 1961 freischaffender Autor. Schreibt Lyrik, Prosa, Hörspiele, Filme für Kinder und Erwachsene. Mitglied im P.E.N. Er lebt heute in Gelnhaar.

Sara Gómez

Sie ist Leiterin der kolumbianischen Nichtregierungsorganisation *Dialogo Mujer*. Diese von terre des hommes unterstützte NRO vertritt einen basisfeministischen Ansatz. Außerdem ist sie aktiv im Frauenfriedensnetz *Mujeres Autoras Actoras de Paz*. Sie engagiert sich sowohl auf der Mikroebene wie in Ciudad Bolivar als auch auf der Makroebene, z.B. in der Kampagne *Die Entwicklungsbanken unter dem kritischen Blick der Frauen*. Sie lebt in Kolumbien.

Hans-Martin Große-Oetringhaus

1948 im Sauerland geboren. Lehrerstudium; Pädagogik-Diplom; arbeitete als Diplompädagoge in einer Obdachlosensiedlung. Promovierte in Pädagogik. Nahm zehn Jahre lang einen Lehrauftrag zur *Pädagogik der Dritten Welt* an der Universität Münster wahr und war Mitarbeiter am Deutschen Institut für Wissenschaftliche Pädagogik. Betätigt sich als Journalist und Schriftsteller und arbeitet seit 1984 als Medienpädagoge bei der Kinderhilfsorganisation *terre des hommes*. Viele Arbeits- und Studienaufenthalte im Ausland. Zahlreiche Kinder- und Jugendbücher, aber auch Romane und Sachbücher. Er lebt heute in Duisburg.

Isolde Heyne

1931 in Böhmen geboren. Kam als 14-Jährige durch die Nachkriegsereignisse nach Sachsen. Studierte am Literaturinstitut in Leipzig und war seit 1964 als freie Schriftstellerin und Journalistin für Verlage, Rundfunk, Fernsehen und Theater tätig. Sie schrieb zahlreiche Erzählungen, Theaterstücke und Fernsehspiele. Ihre Bücher sind in mehrere Sprachen übersetzt. Sie lebt heute in Limburg an der Lahn.

Reinhardt Jung

1949 in Hessen geboren. Von 1974 bis 1983 war er verantwortlich für die Öffentlichkeitsarbeit von terre des hommes und hat in dieser Zeit die Philosophie der Kinderhilfsorganisation entscheidend mitgeprägt. Er schrieb Jugendbücher und Hörspiele und schuf und organisierte über Jahre den Kinderhörspielpreis von *terre des hommes*. Von 1988 bis 1992 war er Stadtschreiber in Offenbach. Danach arbeitete er als Leiter der Kinderprogramme im Hörfunk beim Südwestrundfunk in Stuttgart. Er starb am 21.12.1999 völlig unerwartet, während die Zusammenstellung dieser Anthologie sich in ihrer Endphase befand. Die beiden – älteren – Kurztexte von ihm wurden zu seinem Gedenken in den Band aufgenommen.

Hilka Koch

1938 in Oldenburg geboren. Pädagogikstudium. Langjährige Arbeit als Lehrerin. Sie ist Mitglied der Oldenburger Autorengruppe Wortstatt. Seit vielen Jahren engagiert sie sich ehrenamtlich bei der Kinderhilfsorganisation terre des hommes. Im Rahmen einer Lateinamerikareise zu Projektpartnern entstand ihr Buch *Der weisse Condor*. Sie lebt heute in Bad Zwischenahn.

Sigrid Kruse

1941 in Berlin geboren. Machte an der Fachhochschule für Bibliotheks- und Dokumentationswesen in Köln ihre Ausbildung als Diplom-Bibliothekarin. Von 1963 bis 1999 Mitarbeiterin an der Stadtbibliothek Duisburg; organisierte zahlreiche Literaturveranstaltungen; schreibt Gedichte und Erzählungen. Sie lebt heute in Duisburg.

Kemal Kurt

1947 in Corlu in der Türkei geboren. Studium in Ankara und Miami. 1983 Promotion an der TU Berlin. Seit 1990 Autor von Erzählungen, Romanen, Lyrik, Essays, Kinderbüchern, Hörspielen und Drehbüchern. Er lebt heute in Berlin.

Inge Meyer-Dietrich

1944 geboren, aufgewachsen in Bochum. Sie studierte Soziologie, Germanistik und empirische Kulturwissenschaft in München und Tübingen. Überwiegend schreibt sie für Kinder und Jugendliche. Sie lebt heute in Gelsenkirchen.

Hans Joachim Nauschütz

1940 geboren. Oberschule in Straßburg. Studium in Berlin. Lehrer. Fachschuldozent für Literaturmethodik. Wissenschaftlicher Mitarbeiter am *Haus des Lehrers* in Frankfurt (Oder). Freiberuflicher Autor. Seit 1991 ist er Leiter des *Deutsch-Polnischen Literaturbüros*, eines Literaturfördervereins deutscher und polnischer Autoren. Er ist Herausgeber der *Frankfurter Blätter zur internationalen Kinder- und Jugendliteratur* und von zweisprachigen Anthologien für Kinder und Jugendliche. Er lebt heute in Frankfurt/ Oder.

Elke Oertgen-Twiehaus

1936 in Koblenz geboren. 1956 Abitur in Bonn, anschließend Studium der Literaturwissenschaft, Geschichte und Kunstgeschichte. Erste Veröffentlichungen seit 1960. 1963-66 im Schuldienst tätig. Mitarbeit an der VHS in Duisburg. Sie lebt heute in Duisburg.

Käthe Recheis

1928 in Engelhartzell (Österreich) geboren. Von 1947 bis 1953 Redaktionssekretärin beim Veritas-Verlag in Linz. Danach Sekretärin im östereichischen Büro des International Catholic Migration Committee (ICMC) Genf, Auswandererberatung; ab 1960 Leitung des ICMC-Büros in Wien. Veröffentlichungen seit 1954. 1960 war ihr erster Aufenthalt in Nordamerika. Durch die Indianer sei sie grün geworden, noch lange bevor es dieses Wort hierzulande gegeben habe. Seit 1961 arbeitet sie als freiberufliche Schriftstellerin. Sie hat zahlreiche Indianer-Literatur ins Deutsche übertragen. Sie lebt heute in Wien.

Josef Reding

1929 in Castrop-Rauxel geboren. Als 16-Jähriger im Kriegseinsatz. Nach dem Abitur und Arbeit als Betonwerker Studium der Germanistik, Anglistik, Psychologie und Kunstgeschichte an deutschen und US-amerikanischen Universitäten. Mitarbeit in der Bürgerrechtsbewegung um Martin Luther King. Freiwillige Mitarbeit im Grenzdurchgangslager Friedland. Drei Jahre in Armenvierteln Asiens, Afrikas und Lateinamerikas. Zahlreiche Bücher und Geschichten. Er lebt heute in Dortmund.

Tillman Röhrig

1945 in Hennweiler/Hunsrück geboren. Schauspielstudium. Später Schauspieler und Regisseur. Seit 1973 freischaffender Schriftsteller. Film-, Funk- und Fernsehautor. Referententätigkeit in Volkshochschulen, Fachschulen, Universitäten, Behindertenzentren. Büchereien, Einrichtungen für die Jugend. Mitglied des P.E.N. Er lebt heute in Hürth-Sielsdorf

Rafik Schami

1946 in Damaskus (Syrien) geboren. Von 1966 bis 1969 Herausgeber und Mitautor einer Wandzeitung im alten Viertel von Damaskus. Seit 1965 schreibt er neue Märchen. 1971 kam er nach Deutschland, studierte Chemie, promovierte und arbeitete in der Industrie. Seit 1982 ist er freier Schriftsteller und veröffentlichte seitdem zahlreiche Märchen und Romane. Er lebt heute in Kirchheimbolanden.

Rüdiger Siebert

1944 geboren. Pressevolontariat in Nürnberg; Redakteur an Zeitungen und Zeitschriften; seit 1970 bei der Deutschen Welle in Köln; seit 1977 Leiter des dortigen indonesischen Programms. Autor verschiedener

Jugendbücher und Sachbücher zu Südostasien. Er lebt heute in Weilerswist-Metternich.

Anne Steinwart

1945 geboren. Ausbildung zur Rechtsanwalts- und Notariatsgehilfin. Nach der Heirat zunächst Aufgabe der Berufstätigkeit, später Verwaltungsangestellte, Verkäuferin, Sachbearbeiterin. Seit 1987 freie Autorin, vor allem Gedichte, dann auch Prosa. Sie lebt heute in Steinheim.

Alexandra Uribe

Kolumbianische Journalistin.

Kurt Wasserfall

1952 in Göttingen geboren. Studierte Theaterwissenschaft, Germanistik und Philosophie. Verschiedene Tätigkeiten, z.B. als Regieassistent, Schauspieler, Kurse in Theater und Improvisation. Zwei Autorenstipendien. Er lebt heute in Schmallenberg.

Renate Welsh-Radaby

1937 in Wien geboren. Sie ging mit 15 Jahren nach Amerika und machte dort ihr Abitur. Nach ihrer Rückkehr nach Wien wurde sie Dolmetscherin. Seit 1970 veröffentlicht sie Jugendbücher. Eines ihrer zentralen Themen ist die Situation von Außenseitern. In Literaturwerkstätten arbeitet sie mit Gruppen, z.B. mit Körperbehinderten, jugendlichen Straftätern u.a. Sie schreibt, weil sie glaubt, „dass Bücher der Hoffnung mehr Platz einräumen können, dass sie die Grenzen des Verstehens und der Einsicht ausdehnen können, dass sie denen eine Sprache geben können, die noch nicht für sich selber reden." Sie lebt heute in Wien.

Liesel Willems

1950 in Krefeld geboren. Sie arbeitet als Sozialpädagogin und Autorin, ist Mitglied der *Literaturwerkstatt Krefeld*, Mitredakteurin der Zeitschrift *Literatur am Niederrhein* und Leiterin einer Schreibwerkstatt an der VHS. Sie lebt heute in Krefeld.

Dank

Ich danke dem Arena Verlag für die Erlaubnis, den Text *Der kleine Prinz von Montes-la-Jolie* von Isolde Heyne aus der Anthologie *Tatort Klassenzimmer* (Hg. Reiner Engelmann, Würzburg 1994) abdrucken zu dürfen.
Dem Herder Verlag danke ich für die Erlaubnis, einen Auszug aus *Das Eigentliche ist unsichtbar* von Eugen Drewermann (Herder/Spektrum Bd. 4068, Freiburg 1998, 12. Aufl.) wiedergeben zu dürfen.
Dem Carl Hanser Verlag danke ich für die Abdruckgenehmigung der Geschichte *Die rote Blume* aus dem Buch *Der fliegende Baum* (Carl Hanser Verlag, München, Wien 1997).
Dem Isensee Verlag danke ich für die Abdruckgenehmigung des Textes *Großer Wagen* von Hilka Koch aus dem Buch *Der weisse Condor – Eine etwas andere Reise* (Isensee Verlag. Oldenburg 1999).

Die Abdruckgenehmigungen erfolgten honorarfrei.

Ebenso stellten alle Autorinnen und Autoren ihre Texte kostenlos zur Verfügung. Die Honorare fließen als Spende in die Projektarbeit von terre des hommes.